GEORG HERMANN

WERKE
UND BRIEFE

Herausgegeben
von Gert und Gundel Mattenklott
im Auftrag des Fachbereichs Germanistik
der Freien Universität Berlin
und des Moses Mendelssohn Zentrums
für europäisch-jüdische Studien
an der Universität Potsdam

Band 14

GEORG HERMANN

SPAZIERGANG IN POTSDAM

Verlag Das Neue Berlin

Herausgegeben
und mit einem Nachwort
von Gundel Mattenklott

Mit 55 Fotos
von Gerhard Murza

Ein kluger Mann würde stets vermeiden, in den Verdacht zu kommen, von irgendeiner Sache besonders viel zu verstehen. Denn man wird ihn darauf doch einmal festnageln, und dann wird es zutage treten, daß er eigentlich gar nichts davon weiß. Man wird ihn kontrollieren, als Sachverständigen zuziehen und ihm stets zurufen: beweise!

Ich aber, der ich kein kluger Mann bin, habe, ungeschickt genug, in weitesten Kreisen den Verdacht aufkommen lassen, als ob ich z. B. gerade ein guter Kenner des alten Berlin wäre, der Biedermeierzeit und gar besonders von Potsdam. Und so gibt es heimtückische Menschen, die das ausnutzen; und zwar recht geschickt, indem sie, ohne mich doch zu kennen, meine schwachen Seiten herausfühlen. Erst bekomme ich ein Büchlein zugeschickt mit reizenden Fotos, netteren Zeichnungen und einem noch sympathischeren Text. Adolf Heilborn reist darin nach Berlin in die alte Innenstadt, nach Charlottenburg; ich finde sogar meines Namens und der Figuren meiner Bücher, selbst Kubinkes, freundlich gedacht. All die Jugenderinnerungen tauchen auf, wenn Heilborn erwähnt, wie er Zille, Erdmann Gräser und mich, Stechtorf und Insektennadeln kaufend, einst vor vierzig Jahren beim würdigen Keitel in der Brüderstraße (ein Schwalbenschwanz, papilio machaon, war das Firmenschild!) getroffen hätte.

Ich bin schon gerührt, wenn ich mir auch eigentlich sage, daß das vielleicht einer meiner älteren Brüder gewesen sein muß, denn ich persönlich war für Insektennadeln Nr. 5 doch Stammkunde bei Krichelsdorf in der Oranienstraße. Aber was wäre Geschichte ohne Fälschung?!

Und dann ist das Buch so reizend geschrieben, dabei ganz leicht und instruktiv, und steckt voller Wissen um die Dinge. Doch wie ich den Köder nun so einige Zeit im Mund habe, und ohne den Haken darin zu spüren, vergnüglich daran herumknautsche, wird plötzlich die Schnur angezogen: »Sagen Sie mal, wollen Sie mir nicht so etwas über Potsdam schreiben? Sie, gerade Sie, denn niemand usw. usw.« Und noch ganz mit dem angenehmen Geschmack auf der Zunge von dem Heilbornschen Büchelchen, sage ich, ohne mir etwas Böses dabei zu denken: »Ja, warum eigentlich nicht?« Und schon bin ich bis über beide Ohren hineingefallen.

In Wahrheit nämlich weiß ich gar nichts Besonderes über Potsdam, habe nicht eine Nacht jemals in Potsdam geschlafen, und es gibt doch schon, wie mir der Herr Subrektor am dasigen Gymnasio H. P. C. Schmidt verrät, achtzehnhundertfünfundzwanzig 29 688 Seelen – darunter 20 858 Seelen evangelischer Christen vom Zivilstande und 6592 solche evangelischer Christen vom Militärstande! – die das jede Nacht taten. Wieviel mögen das aber erst heute sein? Ich kenne in Potsdam kaum einen Menschen, geschweige denn eine Seele. Ich war vor siebenundzwanzig Jahren »einen Sommer lang« oft in Wildpark und bin dann später bis 1914 jedes Jahr drei-, viermal einen halben Tag allein oder nicht allein – denn Potsdam ist eine Rokokostadt! – durch die Straßen, Parks oder Schlösser (bis heute war ich noch nicht im Neuen Palais und wenn ich Ihnen den Muschelsaal nachher besonders schön schildern werde, so glauben Sie mir nicht!) … jedes Jahr bin ich vielleicht viermal durch Potsdam gebummelt. In den letzten zehn Jahren aber wurden meine Besuche stets seltener, und ich glaube, man kann auf das Jahr kaum einen mehr rechnen.

Aber all diese Schlendergänge habe ich im reinsten Sinne als Amateur gemacht, ohne jeden Forschungseifer, nur ganz hingegeben dem Zauber dieser Stadt, die wie eine Oase in einer sonst landschaftlich ungewöhnlich armseligen und fast völlig kunstleeren Wüste liegt. Dabei hat mich – das nur zur Kennzeichnung meiner Einstellung! – Geschichtliches gar nicht gereizt, denn der Militarismus, auf dem Potsdam als Inhalt beruhte und der ihm nach außen hin seine Note gab, und der es noch heute zum Symbol macht für die, die sonst taub und blind für Potsdams Schönheit sind, war mir von je höchst unangenehm und unbequem. Und ferner habe ich nicht erst jetzt, da das billig ist, sondern vordem, da es noch nicht so wohlfeil und alltäglich war, oft in Zeitungen gegen das gekämpft, was der wilhelminische Ungeschmack in Schlössern, an Denkmälern, und mehr noch in den Gärten und an den Brücken versündigt hatte.

Also, geschichtliche Ausbeute ist von mir nicht zu hoffen. Ich werfe sogar die preußischen Könige durcheinander; von Markgrafen gar nicht erst zu reden. Ich würde mit meinen mangelhaften Kenntnissen von diesen Dingen in keiner Schule der deutschen Republik auch nur nach Untertertia versetzt werden. Und wenn weiter ich bekenne, daß von der ganzen Dynastie der Hohenzollern sich nur zwei meiner Zuneigung erfreuen, so würde es keine Schule in der deutschen Republik geben, die mich nicht im Bogen hinauswürfe.

Der eine von den beiden ist Friedrich II.(2), genannt der Große. Seines Geschmacks willen und seiner Sehnsucht willen, geistige Menschen um sich zu sehen. Nur habe ich nie begriffen, wie er solch angenehme und herzgewinnende Eigenheiten mit dem schnöden Handwerk des Krieges hat verbinden können. Es scheint mir aber auch, sofern er die Wahrheit sagt und schreibt, er hat genug darunter gelitten.

Und der andere ist Friedrich Wilhelm IV. (3) Seines Witzes willen. Außerdem hat er seit Treitschke eine miserable Presse bei der Nachwelt. Der Romantiker auf dem Thron (pfui!), Schwächling, Pietist, Größenwahn, Säufer. Und mit der Zurechnungsfähigkeit und mit dem Verstande soll es in seinen allerletzten Lebensjahren auch nur noch soso gewesen sein. In den Märztagen von 1848 hatte ihn das Volk in der Hand, und wenn es nicht die »lieben Berliner« gewesen wären, sondern die »lieben« Pariser, er hätte das »unglückselige Mißverständnis«, sich von der Höhe einer Gaslaterne – denn die gab es schon seit den dreißiger Jahren in Berlin – aus ansehen können. Trotzdem: dieser Mann ist eigentlich mein Liebling. Wie ich überhaupt von Witz immer entwaffnet werde, und schwache und begabte Menschen, die im richtigen Augenblick versagen, hoch einschätze.

Aber mehr als das Allernotdürftigste weiß ich eigentlich weder vom einen noch vom andern. Doch daß wir Friedrich Wilhelm IV. Charlottenhof, Orangerie, Friedenskirche, Pfingstberg usw. danken, das genügt mir, um ihn zu schätzen. Aber vielleicht habe ich nur ein Faible, mehr aus dem Gefühl als aus dem Wissen heraus, für diese beiden Könige, weil ihr Träumen, ihr Witz, ihre Grazie, ihr Geschmack und ihre Sehnsucht in Potsdam in bestechenden und charmanten Formen erstarrt sind, und so bis zum heutigen Tage fortleben.

*

Ganz in der Ferne verdämmert mir der dickliche Friedrich Wilhelm II., der rotbäckige Genießer; sicherlich ein jovialer Herr. Steinerianer wäre er heute gewesen oder Anhänger des gastfreien Pastors von Elmau.[*] Damals war er noch Rosenkreuzer. Der Frauenfreund wäre er immer geblieben. Ich ahne aus dem Neuen Garten und dem Marmorpalais, daß er keineswegs so schlecht war, wie sein Ruf. In Österreich hätte man ihn vergöttert. Für Preußen taugte er nicht. Und auch Wilhelmine Enke, oder richtiger Madame Rietz, oder noch richtiger die Gräfin Lichtenau, eine kunstsinnige und gewiß liebenswerte Dame, scheint mir ein anderes Schicksal verdient zu haben, als, nach dem sie lange Zeit die Geliebte dieses Königs war, weiter lange Jahre auf der Festung Glogau das abzubüßen.

Ich für meinen Teil brächte nicht den moralischen Mut auf, eine Frau, die meinem Vater die Freude des Lebens gewesen ist, dafür ins Gefängnis zu werfen.

Der Soldatenkönig, der die Geliebte seines Sohnes auf dem Markt stäupen ließ, der seine Generäle alle malen ließ für seine Ruhmeshalle – so wie sie starben, kamen die Porträts in die sogenannte Totenkammer –, ist mir ganz fremd mit seinem brutalen lachenden Tabakskollegium. Und der Große Kurfürst liegt mir in barocker Ferne; ist mir zu unbürgerlich im Stil. Also, Historie ist nicht mein Fall.

Und kunsthistorische Belehrung?! – um Himmelswillen! Da ist so viel und so genau jetzt gearbeitet worden, da gibt's so gute Werke (vom alten Manger an bis zu Zieler und Kania). Was soll ich da noch Besonderes beibringen, was nicht schon weit besser auseinandergelegt worden ist? Oder erwartet man dichterische Verklärung?! Besonders schöne Schilderungen von mir? Auch das ist schon viel besser gemacht worden, als ich das vermöchte. Karl Friedrich Nowak schrieb ein Büchlein »Sanssouci«, und Ludwig Sternaux traf in einer Reihe von Einzelbildern von schöner und starker Sicherheit und Unmittelbarkeit den Stimmungsgehalt dieser Stadt und all ihrer Schauplätze, in denen Historie und Menschen unsichtbar und doch greifbar geblieben sind. Und wenn er etwas weniger darauf Rücksicht nähme, daß es einen 9. November 1918 gegeben hat, und daß in Potsdam nun nicht mehr die Hohenzollern residieren, und wenn er nicht jedes Tonstück deshalb in einen Moll-Akkord ausklingen ließe, wäre das Buch sogar noch netter. Denn es wird ja wohl in zehn Jahren auch noch genug Leser finden, und dann werden z. B. auch die paar nicht nennenswerten Devastierungen, die in Potsdam, Sanssouci oder Pfaueninsel durch rohe Hände in der Revolution geschehen sind, längst behoben sein, und man wird gar nicht verstehen, warum Sternaux deshalb so viel Aufhebens gemacht hat. Denn ganz gleich, wie die Dinge sich entwickeln: Potsdam und Sanssouci werden stets als geschichtliche Stätten die Verehrung Deutschlands haben und der sorgsamen Pflege jeglicher Regierung sicher sein, genauso wie Versailles in Frankreich. Also, wozu diese Töne? Herr Sternaux kennt ja die Literatur über Potsdam gewiß viel besser als ich, und er wird genau wissen, daß man z. B. Sanssouci unter Friedrich Wilhelm III. viel trauriger hat verfallen lassen, als das je unter einem anderen Regime möglich gewesen wäre.

Wenn wir jedoch von dieser Einstellung absehen, muß schon zugegeben werden, daß der Sternaux das beste Buch ist, das mir über Potsdam bekannt ist. Denn, merkwürdig, so viele brauchbare Bücher es über Potsdam als Kunststätte, als Topographie, über seine geschichtliche Entwicklung gibt, so reich z. B. die Quellen über Potsdam in den alten »Mitteilungen des Vereins für die Geschichte Potsdams«, im Sello, im Fidicin usf. fließen, so klug kulturhistorisch ein Lichtwark über diese Stadt zu sprechen weiß (»Deutsche Königsstädte«), an Büchern über Potsdam, die überhaupt den Anspruch erheben können, als »Literatur« gewertet zu werden, fehlt es bislang fast völlig. Und ich kenne auch kaum irgendein Werk der Belletristik (um von meinen bescheidenen Versuchen zu schweigen!), das Potsdam in die transzendentale Sphäre der Kunst erhoben hätte. Sogar die Malerei ist, mit der einen großen Ausnahme von Menzel und der reizenden Versuche von Paul Scheurich[*] – und das ist merkwürdig und beschämlich zugleich –, wie die Literatur an Potsdam vorbeigegangen.

Ich habe, wenn ich Potsdam besuchte, stets das Gefühl gehabt, daß das Material nun genug bearbeitet und gesichtet wäre. Nun sollte endlich mal jemand kommen, der das Buch über Potsdam schreibt, ein Kunstmann mit der Feder eines Taine oder ein Dichter, der es sieht wie Maupassant Paris oder Werfel Venedig oder Altenberg Wien. Man muß, wenn man über Potsdam schreibt, ganz gleich als was und wer, endlich mal vom Exerzierreglement loskommen und sich der Schönheit dieses Ortes rein und frei hingeben.

»Gut, tun Sie es«, ruft man mir zu. Es würde zu weit führen, wenn ich auseinandersetzte, daß das gar nicht der Zweck dieses Büchleins ist und warum ich auch heute keineswegs mehr befähigt bin, es zu tun. Das sind persönliche Dinge. Eine gesprungene Glocke klingt nicht. Ich möchte also weiter nichts, als hier ein wenig die Instrumente stimmen, die Wirbel der Violinen anziehen und das A geben; das Konzert mögen andere machen, oder jeder mag dann selbst sich sein Stückchen herunterspielen.

Was der Name Potsdam bedeutet, ist strittig. Welche meinen, »Unter den Eichen«, andere leiten ihn von einer wendischen Gottheit oder einem Wendenfürsten her. Potsdam selbst ist ein Werder, eine Insel, und von allen Seiten von Wasser umgeben. »Die Havel«, singt Bellamintes, der »das itzt blühende Potsdam« mit poetischer Feder entwarf, ehedem im Jahre 1727.

»Die Havel, die dem nahrungsreichen Lande
ihr Fischwerk mancherart in großer Menge
    schenkt
und dennoch jederzeit in einem solchen Stande,
daß sie die Nachbarschaft nicht minder wohl
    bedenkt ...
wie manches Schwanenheer mit seinen zarten
    Jungen
in ihren starken Schilf- und Rohrgebüschen nährt
    usw. ... «

»Die Havel ist der Fluß, an welchem Potsdam liegt.
Hier aber, wo sie nun das edle Potsdam wässert,
zerteilet sie den Strom, der sich gelind’ ergießt.
Wird aber dennoch nicht geschmälert – nein vergrößert!
Ob sie gleich ziemlich weit in zween Armen fließt.
Mit einem machet sie den sogenannten Werder,
in den sie Potsdam selbst, nebst sieben Dörfern
    faßt.
Den andern schicket sie in seinem Lauff förder,
daß er noch mancher Stadt ein angenehmer
    Gast ... «

Das Potsdamer Land ist so uralter menschlicher Kulturboden und reichlich mit Blut gedüngt. Der

Prähistoriker findet auf Schritt und Tritt Spuren vergangener Siedlungen. Als Potsdam als Stadt in die Geschichte eintritt, erfreut es sich keines besonderen Rufes. Seinem Namen begegnen wir zum erstenmal im Jahre 1314. 1409 ist uns auch der Name eines Bürgers überliefert, des ehrenwerten Herrn Brunne, der in Berlin gehenkt wurde, weil er in Schönhausen Pferde gestohlen hatte. Man sieht, daß die Potsdamer Beziehungen schon damal ziemlich ins Weite reichten. Der Berliner ist nebenbei vielleicht noch von damals her nicht allzu gut zu sprechen auf den Potsdamer. Denn er sagt:

>>Spandauer Wind,
Potsdamer Kind,
Charlottenburger Pferd –
sind alle drei nichts wert.<<

Oder er äußert, um die Gemütsart des Potsdamers zu kennzeichnen: »Es gibt gute Menschen, und es gibt böse Menschen, und es gibt – Potsdamer.«

Heine meint von ihnen, daß sie das Berlinische noch unverfälschter sprechen als die Berliner. Aber meine Erfahrungen können ihm da nicht ganz recht geben. Er sagt nebenbei an anderer Stelle, daß er dort mit keinem Menschen, sondern nur mit den Statuen im Park Umgang gepflogen hätte, was schon zeigt, daß er für das erste kein klassischer Zeuge sein kann. Das Potsdam aber, das Heine und Storm liebten, und dessen nur von dem klingenden Glockenspiel unterbrochene Ruhe die Rahel leise bespöttelte, unterscheidet sich eigentlich noch nicht allzuviel von dem heutigen Potsdam, denn im ganzen ist es doch eine Stadt aus dem 18. und 19. Jahrhundert (mehr des ersten als des zweiten!), die wir heute noch ziemlich ungetrübt vor uns haben. Und auch – es mag seltsam klingen – die Landschaft gehört ziemlich der gleichen Zeit an. Denn jene Landschaft, die ein Bellamintes so schön besang – dieses schön ist durchaus nicht spöttisch gemeint –, ist eigentlich von der Welt verschwunden. Auf Hunderten von Morgen wurde in und um Potsdam ehedem Wein gebaut. Noch 1782 sind es fast 1000 Morgen, die in und um Potsdam der Weinkultur dienen, und wohl alle Südhänge der Hügel bedecken. Friedrich redet nie von Sanssouci, sondern immer vom Weinberg (29). Die Waldungen waren ehedem zumeist Laubholz, und vor allem bestanden sie aus mächtigen Eichen, die (bis auf die Pfaueninsel) längst geschwunden sind. Sie gaben Holz für den Stadtbau her, für die Palisaden, die Potsdam nach der Wasserseite umschlossen, oder wurden, wie die Eichen des Berliner Tiergartens, schon zu Zeiten des Großen Kurfürsten für den Schiffsbau gefällt und schwammen bis nach Afrika.

Der Parkteil, wo heute das Chinesische Teehaus steht, war z. B. ehedem der Rehgarten. Die heute uns bezaubernden Parkanlagen waren ehedem niedere, nicht allzu große Gärten im französischen Stil, die in den Wald eingesprengt waren, und in den Wäldern selbst hegte man das Wild für die Jagden der königlichen Nimrode. Erst Friedrich der Große brach mit dieser Tradition. Er fand, Jagen sei eine so alberne Beschäftigung wie Kaminkehren. (46)

»An dorten findet man das Wild bey Hauffen
  wohnen,
Das rasche Wild, das sonst die Flucht so gern er-
  kiest,
Hier aber überall, seit dem man es zu schonen
Befehl erhalten hat, gar zahm und sicher ist«,

singt Bellamintes.

Auch die Maulbeerplantagen, die Friedrich der
Große überall um Potsdam anlegen ließ, um die
Seidenzucht zu heben (man konnte alles von ihm
haben, wenn man sagte, man würde eine Maulbeerplantage anlegen, jede Unterstützung), sind bis auf
letzte kümmerliche Reste verschwunden. Anderes
aber, was heute für Potsdam charakteristisch ist, gab
es noch nicht. Die vielen Tausende von Linden in
Gärten und Alleen sind erst durch Friedrich den
Großen aus Holland eingeführt worden. Und selbst
die Nachtigallen hat er aussetzen lassen, und sie
sind Potsdam treu geblieben. Die Obstzucht in der
Potsdamer Gegend ist sehr alt; Bellamintes sagt, sie
brächte zwar nicht die goldenen Äpfel hervor, die
der tapfere Herkules, der Ausbund großer Helden,
den Drachen raubte, aber die Pracht der Apriko-
sen. Und die könne man nicht weniger für gülden
halten. Sie bezaubern nicht allein das lüsterne Ge-
sichte, sondern sie laben den Mund durch einen
süßeren Kuß als die Pomeranzen Spaniens und die
Zitronenpflanzen Welschlands.

»Weil sie den Zucker schon auf ihren Lippen
  haben,
Mit dem man jene Frücht' erst überstreuen muß.«

16

Wirklich, liest man den Hymnus des Bellamintes, so empfindet man, daß vielleicht Potsdam und seine Umgebung damals zwar ein sehr anderes Gesicht hatten, aber daß sie doch schon etwas mit dem heutigen Potsdam gemein hatten: nämlich eine Enklave des Südens zu sein in einem nördlichen Land, und als solche weit reicher und blühender, als wir es eben erwarten können. Ich habe immer das Gefühl gehabt, daß, wenn man von Potsdam nach dem Müggelsee fährt, man sich um viele Breitengrade nordwärts bewegt hat. Selbst das Schilf rauscht um Potsdam anders und weicher, und die Wasserflächen der Havel haben ein seidigeres Blau, als das frische und stahlharte der kiefernumstandenen Müggel. Ich möchte sagen: die Potsdamer Wasser hat der Gott der impressionistischen Malerei geschaffen. Die im Norden Berlins aber schon jener, der den schwedischen Malern die Hand führt, wenn sie ihr Land uns schildern wollen. Hier Monet, dort Liljefors und der Prinz Eugen.[*]

Die Wasser der Havel also mögen ja ewig die gleichen geblieben sein. Die Schilfgürtel, auch die Rohrwälder, aus denen des Abends die Dommeln schreien, vor denen die Reiher ihrem Fischfang obliegen, und in die die Enten und Wasserhühner hineinflüchten, wenn sie des Dampfers ansichtig werden, mögen sich auch nicht viel geändert haben. Auch die blaue, weite Fläche, der Metallspiegel nicht, wenn Fische plätschern oder Schwalben mit den scharfen Spitzen der Flügel darüber hinsausen. Nur die Kolonien der Biberbauten fehlen, nach denen zum Bcispiel Babelsberg benannt ist (Babelsberg gleich Biberberg) … Gewiß, die Havel als Fluß ist unverändert; aber die eigentliche Potsdamer Landschaft um sie mit ihrem englischen, parkähnlichen Charakter, der sich weit hinauszieht, fast bis nach Paretz, die ist das Kunstprodukt der letzten beiden Jahrhunderte.

Aber auch die Stadt ist heute keineswegs mehr das Sumpfnest, der menschliche Biberbau, der sie früher um 1725 war. Die alten Karpfenteiche, Seen und Moräste, die einst an Stelle des Paradeplatzes, des Kasernenplatzes und, irre ich nicht, an Stelle der Plantage usw. waren, sind zugeschüttet worden; und durch den Kanal hat man das Wasser reguliert. Der älteste Teil der Stadt, der sich in der Gegend der Burgstraße und der Heiligengeistkirche befand, hat längst an Bedeutung verloren. Um 1700 hat Potsdam noch nicht mehr als 187 Häuser und zwei- bis höchstens dreitausend Einwohner. Es hat das Stadtschloß und die Kirche und ein paar öffentliche Gebäude. Aber Friedrich der Große allein läßt zwölfhundert Häuser bauen, gibt in einem Jahr anderthalb Millionen Taler Bauzuschüsse.

Man vergißt zu leicht gegenüber den Schlössern, den Parks (und all den Bauten, die sich in ihnen befinden, von Sanssouci, dem Belvedere bis zum Chinesischen Teehaus!), daß eigentlich auch die ganze Stadt Friedrichs Schöpfung ist. Noch heute kommen die wenigen Empirehäuser für Potsdam kaum in Betracht. Sie liegen auch meist ziemlich weit draußen. Und die Zeit Friedrich Wilhelms IV. – mit der Orangerie, dem Pfingstberg und dem Ruinenberg – hat auch die eigentliche Bauschöpfung

Friedrichs nicht angetastet, liegt ebenfalls außen an ihrer Lisiere. Seine Friedenskirche ist gleichfalls inmitten der friderizianischen Schöpfungen nur eine einsame melancholische Insel, ganz für sich. (52) Der deutsche Dom aber auf dem Schloßplatz, den Schinkel an die Stelle der Nikolaikirche – einer Kirche mit vorgebauter italienischer Scheinfassade und einem barocken Turm von gewaltiger Höhe – setzte und den so viele dort als eine architektonische Unmöglichkeit empfinden, möchte ich nicht missen. Denn vom Hofe des Stadtschlosses aus, wenn man über die Mittelkuppe des Fortunaportals hinwegschaut, ... und nun darüber (flankiert von den Ecktürmchen) die gewaltige Kuppel dieser falschen Peterskirche aufsteigen sieht, während von links, auf der anderen Kuppel des alten Rathauses, der goldene Atlas mit seiner Weltkugel herüberschaut, die Nadel des Knobelsdorffschen Obelisken spitz in die Höhe weist – alles nur abgesetzt gegen die Windklarheit eines blauen märkischen Himmels – denn ... von dort, vom Vorhofe des Stadtschlosses aus, hat man vielleicht das schönste Traumbild der Architektur in dem Spiel und der Harmonie dieser drei Kuppeln zueinander, in den Schwingungen und Lösungen der Linien, das mir im Norden überhaupt bekannt ist. Und gerade dadurch, daß es von dort aus nur ein Traum in steinernen Formen ist, ohne einen Zweig, ohne einen Grashalm (und zugleich alles in sich nutzlos), gerade dadurch bekommt es dieses Wundervolle und Losgelöste von der Welt; wird zu etwas, das kein Vorbild in der Wirklichkeit, vielleicht auch keinen Sinn hat, und das nur dem Bedürfnis nach absoluter Schönheit entsprungen ist. Nein, auf den Dom lasse ich trotzdem nichts kommen. Und ich liebe ihn auch, wenn man ihn drüben vom Brauhausberg sieht, oder draußen von der Havel, von Tornow, sieht und wenn seine breite und doch steigende Kuppel dann, so wie eine Erinnerung an Florenz, inmitten all der Lichtfülle in den Himmel steigt. Das ist echter Schinkel! … Und gerade dadurch rührend, weil es mehr Sehnsucht als Erfüllung ist. (4)

Sonst aber ist Potsdam doch eigentlich noch ganz friderizianisch geblieben. Aber – frage ich mich – hat das Wort friderizianisch überhaupt eine Berechtigung? Kann man nicht einfacher von einer Rokokostadt sprechen – »Stil des achtzehnten Jahrhunderts«? Wie weit ist denn Friedrich selbst daran beteiligt? Wie weit ist hier ein persönlicher Geschmack bestimmend gewesen? Endlich hat er doch weder selbst gebaut, noch grade gezeichnet, noch eigentlich entworfen bis auf ein paar flüchtige Situationsskizzen für Sanssouci. Er hat aus alten Architekturwerken Fassaden herausgesucht und sie oft ohne Rücksicht auf das, was dahinter sich abspielen sollte, in kleineren Maßen nachbauen lassen. So kam es, daß sich manchmal die Häuser dreier simpler Bürger in eine Palastfassade teilen mußten, von denen später nun jeder sein Haus (echt deutsch!) anders anstrich. Bis zum heutigen Tage ist das geblieben. An einem Haus geht es sogar soweit, daß eine Putte auf dem Dachfirst zur einen Hälfte ein Malaie und zur anderen Hälfte ein Europäer ist, gescheckt wie ein Foxterrier, ganz reiner Mendelismus.

Ja, aber wenn nun Potsdam eine Stadt aus den italienischen Architekturwerken wäre, müßte es doch ein italienisches Gepräge haben. Und, wenn sein Rokoko der Schlösser französisch wäre, dann müßte es doch an irgendwelche französischen Schlösser erinnern oder wenigstens an süddeutsche, wie Würzburg oder Ansbach? Und wie kommt es, daß doch alles von Friedrich Geschaffene trotzdem ein so ganz eigenes Gepräge hat, auch wenn er in der Wahl seiner Künstler (selbst der Arbeiter!) solche aus andern Ländern eigentlich bevorzugte? Auch als Sammler von Bildern war er ja ganz auf Franzosen eingestellt; und zwar auf solche, die eigentlich vor seiner Zeit waren, so ungefähr, als ob heutzutage jemand nur französische Impressionisten sammelt und schon bei Cézanne streikt. Gewiß: wenn man den Geschmack Friedrichs des Großen analysiert, so mag nicht allzuviel Eigenes bleiben. Einfach aus dem Grunde, weil das, was zu analysieren ist, eben nicht das Eigene ist, sondern das, was er von der Zeit übernahm. Aber die Art, wie die Dinge verwandt sind, wie die Räume, in denen er lebte, abgestimmt sind, wie die wenigen Gegenstände, die er bei sich führte (eigentlich nur Tabaksdose und Krückstock) noch letztes Raffinement des persönlichen Geschmacks verraten müssen – auf Kleidung legte er wie alle Sammler gar keinen Wert (die Burschen sehen immer aus, als ob man ihnen fünf Pfennig schenken möchte) – die Art, wie er die Stadt im Gesamtbild abstimmte, als hätte er sie innerlich stets als Ganzes vor Augen gehabt, all das spricht schon für einen Menschen von ganz ungewöhnlicher Sicherheit und persönlichster Färbung in jeglichen Fragen des künstlerischen Takts. Selbst die Hunde, die er liebte, Biche und Alkmene – und wie er die italienischen Windspiele noch alle nannte! – verdanken seine Zuneigung zum mindesten ebenso seiner Menschenverachtung (und weil sie mit ihren treuen Hundeseelen als einzige an ihm hingen), wie den raffinierten ornamentalen Kunstformen, die sie ihm im Spiel ihrer Glieder boten. Wenn Friedrich einem seiner Hauptmodelleure der »manufacture du roi« die Aufgabe gestellt hätte, einen Hund für ihn zu ersinnen, so hätte er sicher ein italienisches Windspiel für ihn erfunden, auch wenn es das bislang nicht gegeben hätte. Nur in Porzellan (als Masse) vermögen die so spielerischen Beine einen Körper zu tragen; und nur Porzellan gibt so alle Höhen und Senkungen des Brustkorbes, die Spitze der Schnauze und die frostzitternde Grazilität der Glieder. »Die Kerle hassen mich«, sagt Friedrich der Große irgendwo, »weil ich Prunk, Marmor, Gold und Silber, edle Steine, Affen, Papageien und Hunde liebe«.

Aber diese Selbstkritik ist nur halb richtig. Denn das ist das unerhört Sichere an seinem Geschmack, daß Friedrich der Große das edelste Material, die erlesensten Formen, aber durchaus keinen Prunk liebt, sondern daß er all diese Dinge verwandte, zu Kulissen seines Einsiedlerlebens machte, mit einer unerhörten Einfachheit, mit einer Sicherheit des abwägenden Geschmacks, der bei höchstem Raffinement kein Zuviel kannte. Es gibt nichts bei ihm, was kalte Pracht wäre; und alles, von dem man verspürt, daß sein Auge darüber gewacht hat, ist so geartet, daß man darin atmen und bestehen könnte, und daß man den Wunsch hat, man möchte, reich und unabhängig, sein Leben zu einem ähnlichen Traum von Schönheit gestalten können. Friedrich hat bestimmte oft wiederkehrende Lieblingsfarben. Ein seidiges Blau und Silber, mattviolett, kaffeebraun mit Bronzetönen. Oder er verbindet die Stumpfheit edler Hölzer mit Gold. Er liebt das Spiel aufgelöster Formen, aber er läßt es nie zum Selbstzweck werden, wird nie ein Orchester (wie die Musik seiner Zeit es auch nicht tat) überbesetzen, so daß der Reichtum der Instrumente die Melodie tötet. So aber werden alle seine Schöpfungen – Stadt, Schlösser, Gärten (auch Gärten!) Dokumente sichersten Geschmacks. Hunderte und Tausende sind für ihn an der Arbeit, sechsundvierzig Jahre lang. Immer wieder zieht er neue Architekten heran, neben und nach Knobelsdorff. Und doch hat man das Gefühl bei allem, daß er eben (wie ein genialer Kapellmeister) stets das Orchester zusammenhielt, ein feingebildeter und durch und durch künstlerischer Dilettant, der nur am geschmacklich Hochstehenden sein Genüge fand.

Die Kunst, die Architektur und die französische Dichtung und die Philosophie seiner Zeit waren vielleicht das einzige, woran er glaubte, hart, unglücklich und in geistiger Verbissenheit. Er war einer von jenem seltenen Typ von Kunstfreunden, für die es nie ein Genug, aber auch nie ein Zuviel gab. Er war kein Mäzenat und kein Mediceer, kein Sonnenkönig, der sich an seinem Namen und an seiner Macht berauschte, sondern er war ein Lord Wallace, aber in größerem Ausmaße und mit der fast unbegrenzten Macht, seinen Träumen Farbe zu geben. Weder seine Vorgänger noch seine Nachfolger ließen auf die plötzliche Erscheinung eines Menschen von solcher Sicherheit des Geschmacks schließen. In Deutschland kann man nur Karl Theodor von der Pfalz, August den Starken von Sachsen und die Schönborns in Würzburg in seine Nähe rücken.

Man kann sich nur schwer heute einen Begriff machen, welchen Umfang diese kulturschöpferische Arbeit Friedrichs an Potsdam hatte und bis in welche äußersten Gebiete sie ausstrahlte. Endlich gehören die einundzwanzigtausend Maulbeerbäume, die er für Seidenzucht anpflanzen ließ, genauso dazu wie italienische Marmor- und Mosaik-Arbeiter, die er kommen ließ. Die Geldmittel, die er aufbrachte für diese Zwecke, sind gewaltig. Potsdams »Merkwürdigkeiten«, die 1798 in Potsdam erschienen, geben als Gesamtsumme, die Friedrich der Große in der Stadt Potsdam allein verbaute, über 30 Millionen Taler an. Andere 42 Millionen, bemerken aber sogleich, daß auch diese Summe bei weitem nicht reichen wird. »Die wichtigsten Bauten«, heißt es da, »leitete der König selbst, und da er ein großer Kenner und Verehrer der Wissenschaften und der Künste, besonders der plastischen, war, so konnte es nicht fehlen, daß viele dieser Werke den Charakter seiner hohen ästhetischen Bildung bekamen. Seine Ideen ließ er durch Bauverständige und geschickte Zeichner aufzeichnen und pro-

filieren oder auch Schablonen dazu machen usw.«
»Auf der anderen Seite«, heißt es, »war der König
in der Ausführung seiner Ideen so streng, daß er
keine Änderungen durch einen anderen zuließ,
selbst wenn sie ihm hinterher zweckdienlicher ge-
schienen hätten.« Nicolais Beschreibung der königlichen Residenzstädte Berlin und Potsdam führt
im dritten Teil all die Namen der Baumeister, Maler, Bildhauer, Wachsbossierer, Kupferstecher, Stukkateure, Holz- und Stahlschneider auf, die der König (ebenso wie auch Glasschleifer, Uhrmacher,
Schlosser) aus aller Herren Ländern nach Potsdam
gezogen hatte. Und wir dürfen neben ihnen auch
die Gartenkünstler nicht vergessen, die nicht nur
edle Trauben, Melonen, Ananas und edle Obstsor-
ten in den Treibhäusern zu züchten hatten, sondern auch für die gärtnerischen Anlagen exotische
Sträucher und ausländische Bäume zusammen-
kaufen mußten. Und außerdem wurden noch die
Buchdruckerei, der Instrumentenbau, die Seiden-
und Bandmanufaktur, der Tapetendruck, die Töp-
ferei (Potsdamer Fayencen!) im großen Stil geför-
dert.

Friedrichs Idee war es nämlich (und das kann
heute nicht stark genug betont werden!), daß alles
ineinandergreifen sollte, daß von dieser Stadt aus
eine kulturelle und künstlerische Befruchtung für
Preußen ausgehen möchte. Es scheint aber, als ob
Friedrich hierin alsbald schwere Enttäuschungen
erlebte; denn eigentlich ließ er Potsdam und seine
Schöpfungen noch bei Lebzeiten wieder verfallen.
Die Parks wurden später vernachlässigt. Die Plasti-

ken – vergoldete Bleifiguren und solche aus Sandstein – verkamen und vermorschten. Und als Friedrich endlich – viel zu spät für das Land – enttäuscht
und verbittert, starb, atmete man auf. Denn er
hatte seinem Lande Dinge (in jeder Hinsicht) auf-
zwingen wollen, die es wirklich nicht hergab. Und
sein Nachfolger achtete sein Werk und seinen Kul-
turwillen ebensowenig, wie er seinen letzten Willen
achtete, der dahin ging, daß man ihn nicht mili-
tärisch in der Garnisonkirche beisetzen möge, sondern als Privatmann oben in Sanssouci, in der
Gruft, die er sich hatte bauen lassen. Das heißt,
nicht seinen Kriegen und eroberten Fahnen nahe
wollte er bleiben, sondern seinem Traum von Kunst
und schöner menschlicher Gesittung. Denn – das
möchte ich betonen! –: ein waffenstrotzendes Symbol Potsdam zu schaffen, wie es heute sprichwört-
lich in der ganzen Welt geworden ist, als Begriff
feststehend geworden ist, lag nicht in der Absicht
dieses Königs. Die Militärstadt ist nicht sein Ideal
gewesen, sowenig wie der reine Militärstaat – denn
beides war ihm nicht Endzweck –; sondern das Kul-
turzentrum.

Der Volksmund hat die drei Genien, die auf dem
Neuen Palais die Krone hochhalten, so gedeutet,
daß es Maria Theresia, Katharina und die Pompadour wären – in Wirklichkeit sollten sie die Künste
und Wissenschaften versinnbildlichen – als zukünftige Trägerinnen der Krone Preußens. (51) Potsdam, die Militärstadt, ist früheren oder späteren Da-
tums. Man muß nur lesen, wie Friedrich Offiziere
und Generäle mied – »haben zuviel Ehrgeiz« –,

wenn er nicht notwendig mit ihnen zusammen sein mußte. Das eigentliche Potsdamer Vermächtnis Friedrichs des Großen haben also bis heute weder Preußen noch Friedrichs Nachfolger erfüllt. Und daß hier ein Kulturgedanke einst lebendig war und in die Zukunft wirken wollte, vergaß man ehedem vor 1914, sowie man das militarisierte Potsdam betrat. Und noch heute ist unser Blick zu getrübt dazu, um ihn, diesen Kulturgedanken, in dem entmilitarisierten Potsdam wiederzufinden.

Im besten Fall hat man das Gefühl, wenn man durch Potsdams Straßen und Schlösser jetzt wandert, in denen die Luft des 18. Jahrhunderts erstarrte, als ob der Schritt durch Museumssäle hallt, in denen hübsche Dinge von einst, mit dem Hauch historischer Erinnerungen behaftet, zur Schau gestellt sind. Nur manchmal, an herbstlichen Spätnachmittagen eigentlich, gibt Potsdam etwas von seiner ureigenen Seele her, und wir ahnen, wenn die Formen in der Dämmerung einheitlich sich zusammenschließen, etwas von Wunsch und Willen dessen, der sie einst schuf.

Aber, wirft man ein: warum im Herbst! Potsdam ist doch am schönsten, wenn der Flieder blüht oder die Rotdornstämme vor dem Militärwaisenhaus; wenn aus stillen Nebenstraßen die Linden wie Honig herüberduften, und man an Sommerabenden durch die kahle (heute!) baumkahle Charlottenstraße von Sanssouci aus heimgeht.

Gewiß, all das ist, wie man zu sagen pflegt, auch kein Hund. Aber dem Herbst gebe ich doch für Potsdam den Vorzug. Heute ist Potsdam eine

Herbstschönheit und eine Abendschönheit geworden. Erst am Spätnachmittag blüht es eigentlich farbig auf, bis in die blaue Dämmerung hinein. Am Tage ist es oft nur eine altmodische, mattkolorierte Lithographie oder ein ganz sauber angemalter Kupfer eines alten Guckkastenbildes, scharf durchgezeichnet bis auf jedes Steinchen in dem holprigen Pflaster. Firmenschilder stören und zerreißen jede Stimmung, und dumme neumodische architektonische Barbareien aus der Jahrhundertwende (bei denen man sich immer wieder fragt: Wie war das möglich?!) lassen uns erschauern. Wie mußte das Auge und der Sinn der Leute beschaffen sein, die es wagten, einen solchen wilden und ungezügelten Ungeschmack neben Bauten von ruhiger und schöner Sicherheit zu setzen? Und wie mußten in Preußen die Bau- und Handwerksschulen beschaffen sein, daß sie solche Unglücksstifter in die Welt hinaus ließen?

*

Der alte Fontane sagt einmal in einer Kritik über ein Theaterstück: Es wäre »wie eine Fahrt nach Potsdam, am Anfang ist nichts recht los, gegen Schluß ist nichts recht los. Aber – – in der Mitte liegt Wannsee.«

Etwas Besseres kann über die Reise nach Potsdam, ob man nun über die Stadtbahn, Potsdamer Bahn oder Wannseebahn kommt, nicht gesagt werden. Es ist wirklich nicht allzuviel los auf der Fahrt. Nur wenn der Zug am Wannsee vorüberstreicht und so einen sekundenkurzen Blick uns läßt über

weite angeblaute Fernen und gekräuselte Wasserflächen, auf denen weiße Segel wie Möwenflügel
tanzen, dann schlägt einem schon so ein Duft, eine
Ahnung von der Luft Potsdams entgegen. Man
fühlt das Weite, Freie, den neuen Blick und eine für
Berlin ungeahnte Üppigkeit der Vegetation und des
landschaftlichen Kolorits. Aber kurz hinter dem
Grabe von Kleist verdämmert das schon wieder in
uns. Birken, Kiefern, Trockenheit, ein Stückchen
Moor und sandige Wege, und bald tanzen so die ersten Weberkaten von Nowawes – ein absonderlicher
Name! – vorbei. Wird da eigentlich noch in den
Häusern gewebt, richtig mit Handstühlen? Ich erinnere mich, in meiner Jugend konnte man fast in
jedem Häuschen, wenn man durchs Fenster hin-
einblickte, solch einen Stuhl stehen sehen und
manchmal, wenn man Glück hatte, sogar einen alten Mann, der sich breitbeinig vor dem Gestell hin-
und herwiegte und rhythmisch das Schiffchen hin-
und herwarf. Und noch eins: Von Jahr zu Jahr fraß
sich eigentlich das Moderne, die »Architektur«,
hier durch. Erst war noch alles gleichmäßig, sehr
schmucklos, aber doch liebenswürdig: überdach-
te Häuschen mit wunderhübschen Rokoko- oder
Empiretüren und amüsant geteilten, hundertfach
wechselnden Einteilungen der Oberlichter über
den Türen. Denn an Nowawes haben ja zum Schluß
die gleichen Architekten wie an Potsdam gebaut,
und von Manger, der das schöne Haus Am Kanal 41
baute, der die Köstlichkeit der »Breiten Brücke«
schuf, stammten allein über sechzig dieser Kolonistenhäuser, in denen die fremden Weber unterge-

bracht wurden. Man hatte nicht sehr viel Glück mit ihnen. Die Piemontesen, die Seidenzucht und Weberei lehren sollten, bekamen Heimweh – was ihnen nicht zu verargen war – und gingen einer nach dem andern bei Nacht und Nebel davon. Und die andern, die aus Nowawes, waren berüchtigt, weil sie wie die Raben stahlen. Was sie nebenbei mit den Caputhern gemeinsam haben sollen. Der Volkswitz erzählt, daß der Alte Fritz gesagt hätte: Und wenn mir meine Feinde auch mein ganzes Land nehmen, meine Caputher und Nowaweser stehlen es mir in einem Jahr wieder zusammen.

Nebenbei könnte man sich doch mal die Kirche in Nowawes ansehen; denn sie ist von Boumann, dem Holländer, dem das Potsdamer Stadtbild doch sehr zu Dank verpflichtet ist, auch wenn er einem graziösen und genialen Baukünstler wie Knobelsdorff nüchtern und prunkhaft zugleich erschien. Das Rathaus – anlehnend an das Amsterdamer, auch an Palladio –, die Französische Kirche, die Seitenflügel des Stadtschlosses usf., das sind Eindrücke, die man nicht missen möchte. Also von Boumann ist die Kirche in Nowawes. Ich aber habe nur die dumpfe Vorstellung, als ob man im Vorüberfahren etwas durch Bäume aufsteigen sieht. Ich war immer schon so erfüllt von dem Gedanken, nun bald wieder in Potsdam zu sein, daß ich eigentlich nie darauf achtete. Und wenn ich mal schon in Potsdam war, konnte ich mich auch nie trennen, um da hinüberzugehen. Man kann eben nicht alles in diesem Leben sehen.

Aber langsam löst sich Nowawes in allerhand Gär-

ten, Häuschen, Zimmerplätze, Bootswerften, Eisen-
bahngelände und Wiesen, und es wird seltsam licht
und weit um einen. Wiesen – manchmal große
überschwemmte Gebiete auf der einen Seite –,
denn die Havel hat hier Nebenflüsse; Nuthe und
Bäke, glaube ich, heißen sie (Geographie schwach!).
Man ahnt die großen Wasserflächen des Flusses, seine Seenweiten nach Tornow und Caputh und nach
Babelsberg zu mehr, als daß man sie schon sähe.
Richtig, das da weit drüben ist ja das Schinkel-
Schloß von Babelsberg im englischen Burgenstil,
und das schräg über: der Turm der alten Heiligengeistkirche, wie vorgeschoben auf einer Landspitze
ins Wasser hinein. Aber was haben sie da wieder auf
den Brauhausberg hingebaut! Früher war das so
ein hübscher wolliger Waldhügel, und hinter ihm
leuchtete manchmal ganz silbrig die Kuppel der
Sternwarte. Aber heute haben sie da solch einen ra-
genden türmegespickten Fachwerkbau und noch
ein paar andere Schönheiten heraufgesetzt. Soll
wohl so eine Art deutscher Renaissance sein. Paßt
in die Landschaft und die Umgebung, wie die Faust
aufs Auge. Ich weiß nicht, wozu es dient. Ich glaube Kasino oder Militärschule. Frage auch nicht.
Habe das Prinzip, Dinge, die mich ärgern, mit
stummer Verachtung zu strafen. Gottseidank, daß
es wenigstens außerhalb des Stadtbildes ist, wenn
auch eben dieses von einer Seite wenigstens beherrschend. Man hätte es doch genau ebensogut
auf den Wilhelmplatz, mitten rein, oder an den Kanal neben »die Regierung« setzen können. Es ist
eigentlich noch ein glücklicher Zufall, daß uns das

erspart blieb. Aber den Bahnhof hat man Gottlob noch nicht umgebaut. Er ist zwar nicht von Friedrich dem Großen, aber er ist eine entzückende altmodische, anheimelnde Scheußlichkeit. Gewiß mörderlich unpraktisch und technisch ganz unzulänglich; aber man hat sogleich die Illusion 1840: erste Bahn zwischen Berlin und Potsdam. Noch nicht einmal Strousbergzeit!* Und wenn man heraustritt, so bleibt das. Es stehen zwar Straßenbahnen da und warten, und Autos kommen angefahren, und doch weht einem, man weiß nicht wie, solche beruhigende altmodische Luft in die Nase. Schon das Aus-dem-Bahnhof-Treten ist in Potsdam immer für mich ein Erlebnis.

An der Seite, unter Linden, träumen Droschken. Man sieht provinzielle oder ländliche Gesichter (jedenfalls andere, wie in Berlin). Ein Krümperwagen kommt vorgefahren, der frischen, jungen Leuten in Uniformen den beschwerlichen Weg zum Bahnhof erspart hat; und – vor allem! – eine ganz unerwartete Weite umfängt uns. Erstaunlich viel Himmel und viel Licht liegt über dem Ganzen. Man sieht eine Menge Grün auf einmal. Parks, Gärten, Wälder.

Sanfte ferne Hügelwellen machen uns glauben, daß die Stadt, selbst mit ihren Türmen und Kuppeln, in einer Art von weiter Mulde läge. Aber das scheint nur so. Da drüben die Kuppel mit dem Eckürmchen, die Schinkels Idee später korrumpierten, das ist der »deutsche Dom«. Die goldene Puppe daneben auf ihrem gestuften Untersatz ist der Atlas auf dem Rathaus. Der mächtige weißgelbe

Bau mit der Versammlung von Puppen auf dem Dachrand ist das »Stadtschloß«. Rechter Hand weit drüben – wir müssen uns etwas gedreht haben gegen vorhin – herausragend aus den niedrigen alten Dächern an der Havel, das ist der gutgegliederte wuchtige Turm der Heiligegeistkirche. Und da weiter links drüben mit dem goldenen Ordensstern über sich in der Luft, und dem Adler, der auf der gekreuzten Eisenstange sitzt, wie der Papagei auf der Sprosse, dieser in vier Etagen hochgehende, von hier scheinbar sich drehende Barockturm … das ist die »Garnisonkirche«.

Man kann sagen, daß dieser Barockturm eigentlich die Kirche selbst ist, denn er sitzt an dem kleinen Bau, wie ein Giraffenhals an dem viel zu kleinen Körper. Da ganz in der Ferne aber, das sind die Bauten auf dem »Ruinenberg« und dem »Pfingstberg«. Ob man Sanssouci von hier sieht? Ich glaube nicht. Die kleine flache Kuppel ist die französische Kirche. Der einem Campanile ähnliche Ziegelturm? Das muß die Kirche an der Nauener Straße, am Bassinplatz, sein. Denkmal des Pietismus und einer hier etwas unglückseligen und langweiligen Italienliebe Friedrich Wilhelms IV. (16) Wir wollen lieber nicht die Straßenbahn nehmen. Es sind ja nur ein paar Schritte bis zur Stadt selbst. Hier herauf und über die »Lange Brücke«. Außerdem blühen da Flieder und Rotdorn, und man atmet die Luft von der Havel her, sieht Dampfer voll Menschen ankommen und abfahren. Das ist immer erfrischend. Auf den plastischen Schmuck der Brücke brauchen wir gar nicht zu achten. Er ist (wie das Kaiserdenkmal) Siegesalleestil. Die Brücke ist eben vor einiger Zeit umgebaut und verschönt worden. Dagegen ist nichts zu machen. Doch das stört eigentlich gar nicht. Denn sie ist der Zugang zu einem der schönsten Festsäle der Architektur, der – bildlich gesprochen – ohne jedes Vestibül grad an der Straße liegt. Sonst in andern Städten muß man immer erst durch Gassen und Gäßchen nach dem Mittelpunkt hin streben, bis sich der Marktplatz, der Rathausplatz mit seiner ganzen Szenerie von Prunkbauten und Fassaden – meist ganz unerwartet und so, daß man keinen rechten Standpunkt dafür hat – öffnet. Es ist eben die Stadt, die zur Verteidigung innerhalb eines Mauerngürtels geschaffen und ersonnen war und die ihre Hauptgebäude möglichst weit von den ersten Angriffsstellen, und zusammengedrängt um seinen Kern haben mußte. Aber Potsdam war nie eine eigentliche wehrhafte Stadt, keine Stadtfeste des Mittelalters. Es hatte zwar Palisaden, einen Kranz eingerammter Pfähle nach der Havelseite, aber es hatte mehr einen natürlichen Schutz im Wasser, in seiner Insellage. Und es wurde dann aus einem kleinen Landstädtchen zur Repräsentationsstadt, zur Königsstadt umgeschaffen. War also von Anfang an in der Gesinnung als eine reine Barockstadt, eine höfische Stadt gedacht, machte keinen Hehl daraus, eine künstliche Schöpfung zu sein. Und als solche wollte sie auch den Besucher empfangen, ihn gleich in seinen Festsaal führen, ohne ihn lange erst durch Korridore laufen zu lassen und antichambrieren zu lassen.

Potsdam, das dürfen wir nicht vergessen, ist ja

nur zu einem Achtel eine entstandene, und zu sieben Achtel eine durch Fürsten gebaute, planmäßig und ohne Willkür gebaute Stadt.

Wir wissen heute über seine Baugeschichte gut Bescheid, kennen eine ganze Reihe seiner Architekten, die fast alle zugleich an dem Stadtbau und an den Schlössern tätig waren. Bevor wir zuerst einmal solch bißchen durch die Straßen bummeln werden, um eine erste Überschau zu gewinnen, ist es nicht ganz unangebracht, daß wir wenigstens uns mit einigen Namen vertraut machen derer, die bei diesem Stadtbild die Hand mit im Spiele hatten. Denn zum Schluß sind das ja nicht nur Namen, die man morgen wieder vergessen mag, sondern es sind doch auch irgendwelche Vorstellungen, die sich uns damit verbinden werden. Es werden uns langsam, trotz der scheinbaren Uniformität des Zeitstils, in die Straßen und Bauwerke gekleidet sind, aus diesen Namen (zusammen mit den Schöpfungen den sichern wie den zugeschriebenen – !) doch sich die Konturen der künstlerischen Persönlichkeiten mehr und mehr verdeutlichen. Und dieses erhöhten Genusses wegen sollte man also diese kleine Belastung des Gedächtnisses nicht scheuen.

Da ist, den Namen kennt das Volk als einzigen der Zeit zuerst: Knobelsdorff, Freiherr Hans Georg Wenzeslaus von Knobelsdorff. Er war eigentlich Militär – wie sein großer süddeutscher Kollege Balthasar Neumann –, also genialer Dilettant und Autodidakt. Die Architektur war ihm noch wie den Renaissancemeistern die Universalkunst, der alle anderen Künste und Handwerke als Nebenflüsse zuströmten. Er war 1699 in der Neumark geboren (also dreizehn Jahre älter als der König) und hatte sich an Friedrich während dessen Festungszeit in Küstrin angeschlossen. Er nahm als Offizier seinen Abschied 1730, ging zu Studien ins Ausland, wurde als Maler Schüler Antoine Pesnes, kehrte zurück, wurde des Kronprinzen Bauintendant in Rheinsberg und nach 1740 dann der Oberaufseher sämtlicher königlicher Bauten. Er überwarf sich mit Friedrich dem Großen schon bei der Grundsteinlegung für Sanssouci, das er auf den vorderen Rand des Hügels setzen wollte, damit es keine Überschneidung gäbe und es von unten her dem Aufsteigenden in voller Front entgegenkäme; während der König in ihm als seinem Privatbau, seinem Junggesellenheim, gerade eine gewisse Reserviertheit und Zurückgezogenheit wahren wollte. Knobelsdorf nahm Urlaub, gewann aber später doch wieder einen entscheidenden Einfluß auf die Ausgestaltung und den Innenausbau und die Einrichtung des Schlosses. Ebenso wie er das bei der Umgestaltung der Räume des Stadtschlosses getan hatte. Ein zweites Mal überwarf er sich dann mit dem König, als der von ihm ein Werturteil über das Berliner Tor von Boumann verlangte – und diesesmal endgültig. (Nebenbei, das Berliner Tor ist wirklich ziemlich nüchtern und recht unglücklich in den Proportionen.) Er starb 1753 – also dreiunddreißig Jahre vor Friedrich. Das ist für die Baugeschichte Potsdams nicht ohne Bedeutung geblieben.

Wenn man die ganze Genialität von Knobelsdorff erkennen will, so muß man nicht nur auf das achten, was er in den Schlössern geschaffen hat, sondern auch auf seine eigentlich zwecklosen Zierarchitekturen, wie solch eine Muschelgrotte, eine große Fontänenanlage mit dem Neptunsbrunnen, Obelisken, Kolonnaden freistehender Säulen, die von Figuren und Vasen gekrönt sind und von ganzen Gruppen, die wie spielend und zufällig sich unten am Boden zusammengefunden haben, unterbrochen sind. Welch eine künstlerische Grazie und Leichtigkeit, welche Phantasie und welch vornehmes, glückhaftes Mozartlächeln! (44) Und dann aber muß man dagegen seine Profanbauten sehen, seine Häuser, wie die, die den Eingang zur Breiten Straße bilden, seine einfachen, glatten, unendlich ruhigen und wohltuend gegliederten Fassaden mit den wenigen Fenstern in großer Fläche und den ganz leichten Schwingungen, von denen ein Messel begeistert gewesen wäre. Vorgeahntes Empire von einer zeitlosen, zweckhaften Schönheit! Und gerade daran, wie Knobelsdorff immer sich der Aufgabe ganz unterordnet, hier ganz Phantasie und da ganz Sinn ist, und dabei doch nie die Note persönlicher Künstlerschaft verliert, daran sieht man seine eigentliche Bedeutung. Er stirbt kurz nach der Jahrhundertmitte, ist also noch bis auf seine Bürgerbauten, die seltsam vorahnend sind, reifstes Rokoko – vor allem in seinen Innenräumen.

Die anderen, die später geboren sind als er, leiten den Stil langsam weiter, lassen ihn von Jahrzehnt zu Jahrzehnt sich modeln bis in die Zopfzeit, bis in das Louis-seize hinein und mit Vorklängen des Empire. Vor dem Freundschaftstempelchen und dem Antikentempel im Park von Sanssouci glaubt man kaum, daß sie schon um 1770 entstanden sind. Neben Knobelsdorff steht Boumann der Ältere, ein Holländer, 1706 in Amsterdam geboren. Eigentlich Schloßkastellan – auch solch ein Mann, der sich die Architektur angewöhnte. Er ist klassischer, großzügiger, etwas prunkvoller und nüchterner als Knobelsdorff. Es fehlt ihm der Funke. Er glaubt mehr an die Werke der Architektur als an seinen Genius. Aber das Rathaus ist von ihm, zwei Flügel des Stadtschlosses und das Berliner Tor, die Gloriette auf dem Bassinplatz (sie stand einst auf einer kleinen Insel), und er ist stark an dem Bau von Sanssouci und der Wasseranlage dafür beteiligt.

Büring dagegen ist Berliner, Sohn eines Hofzimmermeisters. Er ist erst als junger Mensch an dem Bau von Sanssouci tätig, tritt dann zehn Jahre später wieder in Friedrichs Dienste, hat am Neuen Palais starken Anteil und ist der Schöpfer des vielbewunderten Direktionshauses der Gewehrfabriken an der Breiten Brücke. Ein Mann von ruhiger, schöner Sicherheit des Geschmacks. Vor allem aber ist die herrliche Raumwirkung der Bildergalerie – eine Anlage, mutvoll und beherrscht zugleich – sein Werk. Erinnern Sie sich der Bildergalerie? Sie hat mir im ganzen immer mehr zugesagt als Sanssouci selbst; ruhiger, geschlossener und überraschender mit ihrem steinernen, bewegten Puttenkranz um das Gesims der Kuppel; und mit der Heranführung durch ganz niedere und bequeme Terrassen und Treppen, durch kaum merkliche Stufungen des Terrains ... an Balustraden mit Porzellanpuppen in

Sandstein besetzt vorbei und an den Wangen der Terrassen, die mit Muscheln und bunten Steinen kindlich und entzückend spielerisch gemustert sind. Und dann schuf er die Zauberei des Chinesischen Teehauses! Nun, darüber wollen wir gar nicht reden!

Karl von Gontard ist Mannheimer, wurde 1738 geboren, kam 1765 nach Potsdam. Er gehörte also einer ganz anderen Empfindungswelt an als Knobelsdorff, der vierzig Jahre älter war. Er kommt aus dem Mannheim des Karl Theodor mit seiner Großzügigkeit des Schloßbaues und der Wucht seiner Kirchen und seiner Schloßanlagen. Nirgends ist in der Zeit Bauplastik und Ornament wuchtiger und mehr ins Übergroße hinaufgetrieben. Und dann hat er die Schulung von Bayreuth, Ansbach, kommt vom Markgrafen-Rokoko. Der Herkunft nach wird er, wie der Name verrät, eigentlich Franzose sein. Er ist wohl der unter den Architekten Friedrichs, neben Knobelsdorff, der am meisten architektonische Phantasie, Mut und das kühnste und persönlichste Raumdenken hat. Und er verleugnet doch dabei nie die große Selbstzucht, die diese scheinbar spielerische und gedankenreiche Zeit ihren Architekten mitgab.

Die »Communs« am Neuen Palais mit den hohen Freitreppen, die sich zu ihren Säulenbauten hinaufziehen, mit dem mächtigen Halbrund der durch Obelisken gekrönten Kolonnaden sind ebenso ein Werk von ihm, wie das Militärwaisenhaus mit seiner Kuppel, die nicht lastet, sondern auf sechs Säulen frei schwebt. Es gibt nichts Kühneres in ganz Potsdam, als den Blick von unten, von der Durchfahrt, in die Treppenhalle hinauf, wo immer wieder um weiße Gewölbe über Gewölben sich fein und streng gezeichnete schwarze Eisengitter ziehen. Auch viele der besten Stadthäuser in der Berliner Straße, am Bassin und so fort, verraten seine Hand.

Auch Georg Christian-Unger, der 1743 in Bayreuth geboren ist, hat eine warme, reiche, süddeutsche Bauphantasie. Er ist wohl weder so reich an neuen Ideen noch so großzügig wie Gontard, aber die vornehmsten und zugleich fröhlichsten Häuser – denn ein Haus kann auch fröhlich sein! – stammen von ihm. (7) So die Predigerhäuser aus dem Sprengel der Heiligengeistkirche. Auch die hübschesten puppen- und vasengeschmückten Fassaden aus der Charlottenstraße werden auf ihn zurückgehen. Ich denke wohl, auch jene mit den Balkonen und den Puttengruppen darauf, hinter der ich das strohblonde Hannchen von Mühlensiefen, die Braut Heinrich Schöns, nebst dem geheimrätlichen Elternpaar einst domizilieren ließ, wird ihn zum Schöpfer haben. Aber vor allem ist etwas von Unger, an das ich nur wie an einen geheimnisvollen, halb schönen, halb schmerzhaften Traum scheu zu denken wage wie an etwas, was eigentlich nicht von dieser Welt ist. Ich habe nie dort oben laut zu sprechen gewagt und bin immer nur ganz leise an die verhangenen Fenster geschlichen, weil ich fürchtete, so wie ich fest auftrat oder laut sprach, könnte dieser ganze Mittagszauber wieder unwirklich werden und in nichts zergehn … Sie ahnen schon, was ich meine … das Belvedere da oben, am

Drachenhäuschen, auf dem Klausenberg, das Unger nach einer Skizze des Königs in die steinerne Wirklichkeit oder richtiger Unwirklichkeit umdichtete. (48)

Ja, und dann wäre zum Beispiel noch Heinrich Ludwig Manger, der 1728 in Sachsen geboren ist und 1753 nach Potsdam kam, also allein unter Friedrich dreiunddreißig Jahre dort tätig war und die letzten zwanzig davon in führender Stellung. Er hat reichlichen Anteil am Bau des »Neuen Palais«, und das hübsche und vornehme Haus Am Kanal 41 in holländischem Stil – gelbrote Ziegelwände von durchgehenden, großzügigen, hellen Pilastern unterbrochen, – ist von seiner Hand, gleichsam als Modell für das Neue Palais hingestellt worden. Denn Friedrich hatte auf einer holländischen Reise Geschmack an dieser Bauart gefunden und wollte erproben, wie sich dieser Stil eines bürgerlichen Aristokratismus hierher verpflanzen ließ. (11) Er war geschickt genug, mit dem Grün der Bäume und der schwarzen Spiegelfläche des Wassers, des träge ziehenden Kanals, zuerst einmal eine nach Möglichkeit ähnliche Umgebung für das Experiment zu schaffen.

Neben diesen Künstlern haben gewiß noch eine Reihe anderer Architekten mit daran geschaffen, Potsdam seine unvergeßliche und einmalige Physiognomie zu geben. Wie Dietrich, Krüger, Schulz usf. Man kennt sie. Aber die Namen der Bildhauer und Stukkateure sind uns kaum bekannt, bis auf wenige, wie Nahl, Glume, Hoppenhaupt, Ebenhech, Benckert usf. Wir wissen, wer die reizenden Reliefs über den Fenstern des ehemaligen Plögerschen Gasthofes gemacht hat (nämlich Heymüller), wer die großen bewegten Figuren an der Französischen Kirche machte (Glume) und jene auf dem Dach der Direktion der Gewehrfabrik (Benckert), und können danach vielleicht erraten, daß dies und jenes vielleicht von derselben Hand herrühren mag. (17) Aber gerade die Plastik, die Bauplastik, ist doch so überreich in der Stadt wie kaum irgendwo anders. Hunderte und aber Hunderte von Figuren, Gruppen, Reliefs, Vasen und Girlandenformen und ornamentalen Spielen mit Blumen, Instrumenten, Trachten, Waffen aller Art ... Tausende von Masken und Putten, von Sphinxen, Göttern und Halbgöttern – ich rede hier nur von der Bauplastik – der ganze Formenschatz und die ganze allegorische Vorstellungswelt der Zeit sind mit spielerischer Hand über diese Architekturen ausgestreut. Selbst im Kietz, wo die Fischer wohnen, flicken nur Amoretten auf der Dachbekrönung Netze. Gewiß, manches davon mag handwerklich sein, aber vieles ist von persönlicher künstlerischer Signatur. Wirklich, es wäre ein dankenswertes Unterfangen, wenn man einmal nur die plastischen Baudetails des friderizianischen Potsdam in guten Aufnahmen herausgäbe. Ich glaube, man würde erstaunt sein, wieviel heute verlorengegangene natürliche Anmut und bildhauerisches formales Können in diesen Dingen steckt ... Denn der König war – sagte doch unser Gewährsmann – ein besonderer Liebhaber der Plastik und ein Kenner der Wissenschaften.

Der Anteil aber, den Kopien italienischer Paläste

an dem Gesamtbild der Stadt haben, ist keineswegs ein besonders großer, und der Charakter der Stadt wird eben doch von den Künstlern der Zeit bestimmt. Auch sind die Bauten fast nie sklavisch nachgeahmt, sondern immer irgendwie umgemodelt und der Umgebung angepaßt. Im Palazzo Barberini, den wir gleich sehen werden, ist der Mittelbau vorgeschoben statt zurückgestellt. Und selbst der Palazzo Pompej aus Verona, der so ganz italienisch ist mit seinem schweren Rustica-Untergeschoß und seinen mächtigen Masken über den Fensterrundungen, hat die Verpflanzung nach Norden ganz gut vertragen.

Und das kommt eben daher, weil in der Stadt Potsdam in vorbildlicher Weise jedes, aber auch jedes Bauwerk mit der Gesamtheit, mit der Umgebung, mit der Straße, dem Platz in Einklang gebracht worden ist. Was hier an Raumwirkungen, an Straßenbildern, an Platzgliederungen, an Durchblicken, an Abschlüssen geschaffen worden ist, teilweise (wie Idee und Abschluß der Breiten Straße) auch von Knobelsdorffs Hand, darüber könnte man Stunden sprechen. Wo man auch in Potsdam steht, immer hat man gute Durchblicke, immer geschlossene und stileinheitliche architektonische Bilder, und zwar in einem ganz anderen Sinne als das sogenannte malerische Bild der süddeutschen Stadt. Auch das Straßenbild ist in Potsdam räumlich und plastisch gedacht!

Sie meinen, es zieht hier auf der Brücke doch auf die Dauer vom Wasser herüber. Sie mögen recht haben. Aber es ist doch so hübsch, hier zu stehen und nach dem Schloß, dem Lustgarten, den Kolonnaden herüberzuträumen. Es hat nicht immer so ausgesehen wie jetzt. Erst war es ein richtiges altes Wasserschloß, von einem breiten Graben umgeben, mit Brücken als Zugängen, mit vier Eckpavillons und einem dicken eckigen Turm. Im Dreißigjährigen Krieg diente die Kirche darin als Getreideschuppen, und in der Gesindestube war der Schafstall. »Es siehet sonsten wohl seltsam aus, aber vor einen Schafstall ist es schon stattlich.« Dann wurde es ein etwas düsteres Barockschloß unter dem Großen Kurfürsten und seinen Nachfolgern nach Art des Mauritshauses.* Denn dessen Schöpfer hatte hier auch eine beratende Stimme gehabt. Dann baute Schlüter dem preußischen Königtum einen Prunksaal ein, von dem nur noch ein paar Deckengesimse und Dekorationen auf uns gekommen sind. Aber wie wir es heute vor uns haben, das Stadtschloß, ist es im ganzen friderizianisch. Das heißt: damals war alles viel farbiger. Der Bau war rot getüncht, und das Kupferdach war blau mit reichlicher Vergoldung. An den Seitenflügeln, die Boumann vorgezogen hatte, waren noch die großen Masken, von denen Knobelsdorff spottend sagte, daß sie nicht dem Wohnort eines christlichen Königs zukämen, sondern einem türkischen Serail, an dem viele abgeschlagene Menschenköpfe zur Schau gestellt wären. Die Neptunsgruppe da drüben, der Triumph der Galatee in dem Teich, war noch nicht aus Sandstein, sondern in Bleiguß und vergoldet, und hier links an dem Wasser entlang waren überall goldene Püppchen auf der Balustrade und hinten auf

44

den Abschlüssen, die den Lustgarten von allen Seiten umschlossen, ja, da gab es sogar vierzig eingelassene Landschaftsbilder usf. Die Plastik war viel reicher vertreten, auf der Balustrade allein dreißig Kindergruppen, und das ganze Bild war eben bunter und lustiger. In einem Flügel des Schlosses unter einer Kuppel, war eine Kirche, und im andern ein Theater. Und nachdem – bezeichnend genug – Friedrich der Große die Kirche in Bedientenzimmer hatte umwandeln lassen, ließ Friedrich Wilhelm III. das von Nahl geschaffene Theater, der gleiche, der die herrlichen Privaträume Friedrichs schuf, in Blau und Silber – wiederum bezeichnend genug! – in Beamtenwohnungen umbauen. Das ist bedauerlich und eine ziemliche Barbarei. Denn Kirchen haben wir genug; aber niedliche echte Rokokotheaterchen, in denen man eine Barbarina und eine Camargo von heute tanzen lassen könnte, Schäferspiele, jungen Goethe und Molière spielen könnte, gibt's kaum noch. Und der große Kuppelbau auf dem Markt da drüben war auch noch nicht da – er ist ja von Schinkel. Das heißt, eigentlich wollte Schinkel, seinem Wesen gemäßer, solch eine Art antiken Tempel hinbauen. Aber als man ihm dieses heidnische Vorhaben verwies, zog er sich so aus der Affaire. Man kann dieses So bejahen oder verneinen. Ich sprach schon darüber, weshalb ich es – bei aller Diskrepanz der Stile! – nicht missen möchte. Schinkel war eben so groß, daß er selbst aus einer verfahrenen Situation rettete, was zu retten war. Also statt dieser Kirche stand da einmal eine Barockkirche, vor die Friedrich der Große, als

Scheinfassade, das Portal von Santa Maria Maggiore in Rom setzen ließ. Die Geistlichkeit beschwerte sich: Man könnte nun in der Kirche nichts sehen. Worauf Friedrich der Große randbemerkte: »Selig die, die glauben und nicht sehen.«

Aber eines schönen Tages ließ ein Handwerker bei einer Reparatur auf dem Turm einen Lötofen umfallen, und damit wurde dann dieses Ärgernis durch Feuer beseitigt.

Doch ehe wir nun beginnen, durch die Stadt zu schlendern, sehen wir uns mal hier die Kolonnaden an, die Knobelsdorff von der Havel ans Schloß heranführte und drüben dann vom Schloß zum Marstall, der nebenbei eine umgebaute Orangerie aus der Zeit des Großen Kurfürsten ist. Und werfen wir einen Blick auf die Rampen des Ufers. Sehen Sie mal, wie angenehm und einfach die in den Proportionen sind und wie hübsch in der Lösung der Linien. Und was ist es, weshalb ich diese Kolonnaden so liebe? Sie gehören mit zu den Bildern, die in meinem Hirn sofort herausspringen, sowie das Wort »Potsdam« fällt. Ich will es Ihnen sagen: weil sie völlig sinn- und zwecklos sind, reiner Schmuck, absolute Schönheit. Ein Gitter sind sie nicht. Ein Abschluß auch nicht, wenigstens mehr ein gedachter als ein wirklicher. Riesige kannelierte Säulen tragen ein Gesims. Sie müssen sich zu zweien und dreien zusammenrotten, um es überhaupt tragen zu können. Und was ist es, das sie tragen? Eine niedere durchbrochene Balustrade, die mit ein paar schönen, geschweiften Vasen und ein paar Puppen und augenfälligen Nacktheiten besetzt ist. Kein Weg

46

führt an der Balustrade entlang, nein, sie ist einfach weglos in die freie Luft hinaufgeträumt, vielleicht für Götter, die da oben spazierengehen sollen. Und in den hohen luftigen Rahmen, die von Säulen, Gesims und der steinernen Fußplatte gebildet werden, sitzen sockellos, direkt dir gegenüber, ganz phantastische steinerne Brunnen, oder zwei mannshohe Tafelaufsätze – mit Weibern, Muschelschalen, Putten, ein sinnliches Gewirr von Leibern und Formen, mit Wasser, das hochspritzt, Wasser, das herunterrinnt, das natürlich auch kein Wasser ist, sondern Stein. Und durch diese Baukulisse, die ebenso mit Steinen wie mit Luft und Himmel und Wolken als Baumaterialien rechnete, sieht man das Schloß, den weiten Paradeplatz, den Lustgarten, die Neptunsgruppe drüben und sieht hinten als Schluß, zwischen der Kommandantur und den andern schlichten Knobelsdorffschen Häusern, die Breite Straße sich öffnen, den Turm der Garnisonkirche und ganz, ganz hinten als Abschluß (über die Mangersche Brücke fort) die Obelisken des Neustädter Tors. Das heißt, wir sehen mit einem Blick, wie im Querschnitt für diese Stelle, durch ganz Potsdam hindurch und fühlen schon, bevor wir eintreten, diese bewußte, plastisch in Raum gedachte Stadtanlage. (1)

Ach, bummeln wir erst mal zu dieser Neptunsgruppe hinüber, die da inmitten von Entengrütze und Schilf grau in ihrem Wasserbecken ihr steinernes Dasein führt. Sie ist auch von Knobelsdorff entworfen. War eigentlich Metall und vergoldet – wie ich schon sagte – und ist erst, als sich dessen Ver-

47

gänglichkeit bewies, in Sandstein (oder so) umgesetzt worden. In letzter Zeit, glaube ich, hält auch das nicht mehr. Mich hat die Gruppe immer entzückt, trotzdem sie nicht mehr sein will, als sie ist: eine Gartenplastik. Erstens hat sie die Natur gern. Denn im Herbst wuchsen immer Ampfer und Wasserfenchel und Schilf und Binsen und Schierling und, was sonst noch üppig wird und Feuchtigkeit liebt, dicht um sie herum, kroch auch auf die Sockel, quetschte sich in die Steinrinnen, hob ordentlich die Schwimmbeine der Meerpferde. Und dann war an der Gruppe alles in wilder Bewegung. Der zornige Meergott wollte mit seinem Dreizack in die Wogen stoßen. Die Tritonen bliesen alle Backen auf – »hört, wie ins Muschelhorn die Steintritonen blasen« – die Meerpferde lassen sich kaum zügeln und sind eben vor dem Durchgehen. Und oben, ganz oben, thront fast völlig unbewegt, ruhig und aufrecht, die schöne, großgliedrige Galatee und läßt sich die Sonne auf den wundervollen Rücken brennen, der Stein und Fleisch zugleich ist. Alle rackern sich ab, rackern sich für sie ab. Aber es spritzt ihr da oben nicht bis an die Fußsohlen. Sie nimmt's als selbstverständlichen Tribut an ihre Schönheit hin, die nur ihr gehört und die sie verschenkt, aber nie eintauscht. Sie mögen recht haben, daß ich diese Gruppe vielleicht gar nicht ihrer bestreitbaren Kunst wegen liebe, sondern wegen Zufälligkeiten, wegen eines Sinns, den ich mir hineingelegt habe. Ja, aber ist es nicht zum Schluß mit aller Liebe so, daß wir Dinge und Menschen des Bildes wegen lieben, das wir uns von ihnen machen? Und glauben

Sie etwa, daß es bei der Kunst viel anders ist? Wollen wir durch den Lustgarten, über den Paradeplatz gehen? Lassen wir es. Ich muß immer denken, wie hier noch im Kriege die Rekruten gedrillt wurden. Es war kein angenehmes Bild. Und wie hier die langen Kerle einst stöhnten und der gichtische Friedrich Wilhelm I. vom Stoßwagen aus ihnen neidisch und nörgelnd zuschaute. An Parademarsch muß ich denken und Staub und an das ganze lärmende Theater des preußischen Militarismus.

Wozu? Gehen wir zurück, in die Stadt hinein, am Stadtschloß entlang, zum Neuen Markt vor. Wir wollen nicht das Stadtschloß uns jetzt ansehen. Wir würden doch nicht die rechte Freude daran haben, weil wir geführt werden, und jede Führung, ja selbst jede Beschreibung läuft auf »Dasselbe« hinaus. Sie verstehen nicht? Die Gemälde hier im Marmorsaal verherrlichen den Großen Kurfürsten, heißt es in meinem Guide. »Das erste Gemälde von van Tulden stellt die Geburt desselben dar. Das zweite den Frieden von St. Germain von ebendemselben und das dritte die Stärke und Weisheit desselben von Laigebe. Ferner sieht man … « Also wenn Sie mal Glück haben, daß sie allein hereinkommen, und dem Führer Schweigegeld geben können, dann gehen Sie so ganz langsam durch diese drei, vier wundervollen Privaträume des Großen Friedrich mit den Möbeln von Kambly, den Schreibtischen, dem großen Eckschrank (er kostete 3 000 Taler), den Dekorationen von Nahl und den wundervollen Stuckdecken. Sehn Sie mal, wie Silber und Blau – nur in der Amalienburg im Nymphenburger Park finden

Sie diesen Akkord wieder, aber er ist dort nur Stuck, und hier ist er wirklich Seide und Silber –, sogar in der Balustrade, die den Alkoven mit dem Bett von dem Bibliotheksraum trennt, massives Silber! –, wie die zusammenklingen. Denn das Auge kann auch Klänge sehen. Sehen Sie sich an, wie die Bilder, die Lancrets, Pesnes und Paters – neben der Tänzerin Barbarina tauchen auch andere Rivalinnen des Balletts in ihnen auf – in die Wand eingelassen sind, in silberner Umrahmung in die Zimmer eingefügt sind, wirklich nur zu einem Stück schöner Wand geworden sind … Rokokobilder in Rokokoräumen; und Sie verstehen den Sinn dieser Malerei, ihre zeitliche Unwirklichkeit. Sehen Sie die Chinoiseriespiele der Decken – ein Dank des Westens an den Osten. Wie leicht, wie graziös, und dabei stets einem Symbol, einer Idee untergeordnet. Fischerei, Jagd, Musik, Liebe – welch eine Anmut! Und welch ein Naturalismus trotzdem in Pflanzen, Tieren, Bäumen, bei aller Unterordnung unter die Einheitlichkeit des stilistischen Gedankens. Man denkt immer, daß das Rokoko eine stilistische Spielerei nach einer einmal gefundenen oder dem fernen Osten entliehenen Formel ist. Aber gerade hier, wenn man die Dekorationen von Merck, von Hoppenhaupt, von Ebenhech sieht, so fühlt man, wie lebensnah und intim doch diese später als so verschnörkelt verschriene Zeit in ihren Künstlern fühlte. Und gerade diese Lebensnähe ist es, die den friderizianischen Stil – dem sich alle hier unbewußt unterordnen – vom französischen und süddeutschen Rokoko trennt.

Als Comble der technischen und geschmack-
lichen Vollendung gilt der Bronzesaal. Aber das
Blau und Silber des Schlafraumes wird länger in
Ihnen nachklingen, weil es überraschender ist als
das helle honigfarbene Zedernholz und das matte
Gold der Bronzen. Und dann vergessen Sie nicht,
sich die Prunkräume anzusehen, die so um 1800
umgeschaffen wurden. Es ist mit das Beste an Empire, das Sie in Potsdam sehen können, der Cour-
saal und das sogenannte etrurische Zimmer. Wie
hier als Masse in Wandtäfelungen und Fensterum-
rahmungen Holz verwandt ist, schlichte, gemaser-
te Flächen, nur ganz leicht farbig oder golden abgesetzt, das ist prunkvoll und bescheiden zugleich
und dabei von einer ausgesprochenen Vornehmheit der Kunstgesinnung. Wie sich doch in wenigen
Jahrzehnten nicht nur der Geschmack, sondern
auch das Empfinden von Grund auf derart ändern
konnte! Erst alles Geist und Bewegung – auch seelische! Dann alles Ruhe und eine kühle Reserviertheit. Man fühlt, wie die Französische Revolution
plötzlich in ganz Europa eine andere geistige Atmosphäre geschaffen hat.

Doch kommen Sie, wir wollen wenigstens mal
einen Blick in den Hof werfen und die Ansicht über
das Fortunaportal hinweg auf die Kuppeln des
Doms und des Rathauses genießen. Wir müssen
uns, hin und her schreitend, die Stelle auf diesem
Cour d'honneur suchen, von der aus die Linien
und das Spiel der drei Kuppeln sich ohne gegen-
seitige Überschneidungen harmonisch ordnen.
Wie reizvoll dieser geschweifte Abschluß, der die

beiden Schloßflügel zusammenfaßt, und dann darüber, gleichsam in Stein erstarrt, die Idee der Stadt (Kirche und Rathaus). Man hat das Gefühl, daß es nur ein Ausschnitt eines großen Ganzen ist und daß noch viele Kirchen und viele große Bürgerbauten dahinter sind, jenseits davon, die man nicht sieht. Auf einzelnen pompejanischen Fresken gibt es so Darstellungen von antiken Städten, ganz unwirklich und vielleicht doch wirklich, mit Tempeln und Kuppeln und Bädern, mit Leuchttürmen und Häfen voller Triremen … alles völlig unwahrscheinlich auf einen kleinen Raum zusammengedrängt, ein Etwas, das sich vorbildlos aus der menschlichen Phantasie herauskristallisiert hat. Und irgendeine merkwürdige Ideenverbindung verknüpft in mir diese beiden scheinbar so entfernten Dinge miteinander. Wie nett der Hofplatz jetzt träumt mit den weißen Mustern, Linien und Sternen in seinem Pflaster, auf dem sonst immer das Klipp und Klapp der Nagelschuhe der aufziehenden und sich ablösenden Wachen als Echo von den Schloßwänden kam! Wie still und gerade die verwaisten Gewehrständer in der Sonne stehen! Es mag hart klingen, aber Geschichte bekommt doch wirklich erst Leben, wenn sie tot ist; und über Schlössern und Schloßhöfen muß Stille liegen, wenn die Menschen von einst durch ihre Kunst zu uns sprechen wollen.

Wie hübsch und leicht sie doch eigentlich ist – trotz ihres Barocks! –, die auf den vier Eckrisaliten freischwebende Kuppel mit der flatternden Fortuna darüber. Sie ist zwar nicht so leicht wie die über dem Militärwaisenhaus schwebende Kuppel, aber das hätte gar nicht hierher gepaßt … Der Platz beunruhigt Sie etwas. Sie fühlen sich bedrückt von dem Dom vor Ihnen. Ja, vielleicht war auch die Platzwirkung einmal eine andere. Nach alten Stichen erscheint es mir, als ob der Vorgänger der Nikolaikirche (der abbrannte) weiter zurücktrat, und dadurch sich die Dimensionen um den Obelisken nach allen Seiten besser ausrundeten. Knobelsdorff liebte Obelisken sehr lange vor der Ägyptenmode, die der Feldzug Napoleons in die Welt brachte. Manche hat er mit ganz phantastischen Zeichen bedeckt – Hieroglyphen des Rokoko – wie die am Neustädter Tor oder am Eingang zu Sanssouci, Hieroglyphen mit Zöpfen und Allongeperücken sozusagen. (5) Und er liebte weiter – wie seine ganze Zeit – Sphinxe, weil sie amourös und geheimnisvoll zugleich sind. Ich weiß gar nicht, wieviel dieser verlockenden oder verderblich lächelnden löwentatzigen Frauenwesen in Potsdam noch heute ihr steinernes Unwesen treiben. Selbst auf Stuckdecken fand ich ihre schweren Leiber. Sie bewachen den Eingang zu Potsdam an der Havel, das Stadtschloß; und sie bewachen den Eingang zum Park von Sanssouci, wo sie sogar gepuderte Perücken, Fächer und Schleier haben, die Amor selbst vergeblich ihnen vom lockend verhüllten Antlitz zu zerren versucht. (27) Von allen Obelisken, die Knobelsdorff hier in Potsdam errichtete, ist das der ernsteste. Ein wirkliches Monument. Die andern sind eher lustig und belustigend gedacht, eine Baulaune, eine Dekoration. Aber der hier ist schön im Material, schön und stolz in der ganzen Gliederung, von Sphinxen umlagert, von Eckfiguren gestützt, mit Frauenköpfen en relief geschmückt. Alles an ihm ist wundervoll gegliedert, wenn auch der Sockel früher höher war, abgeschrägt und von Girlanden umgeben. Heute wächst er etwas unvermittelt aus dem Boden. Man hat bei dem Neubau der Kirche wohl versucht, ihn wenigstens im Stil etwas dem anzuähneln; und wirklich, er ist durch diese kleine Änderung – so klassisch empfand Knobelsdorff, wenn er monumental dachte (der gleiche der da drüben auf der Mauer an der Kommandantur zum Beispiel solche Rokoko-Vase spritzig und überbewegt hinzeichnete) – er ist jetzt fast ganz klassizistisch geworden.

Wir wollen einmal einen kleinen Augenblick hier am Obelisken stehenbleiben, um uns nach allen Seiten umzuschauen. Was fällt Ihnen auf? Ich weiß: daß, wo Sie auch hinblicken mögen, hier nach der Humboldtstraße herunter, nach dem Schloß herüber, die Schloßstraße hinab, überallhin das Bild geschlossen ist, und der Blick immer auf einen Schlußpunkt hingeführt wird. Der Dom mag nicht allzu glücklich sein, die vier Ecktürme mit den Laternen und den Engeln waren nicht in Schinkels Entwürfen; aber er kann doch die große Hand nicht verleugnen. Schinkel hat eigentlich das Baubild von Potsdam wenig bestimmt. Nur noch das Kasino in der Lindenstraße, nein, Waisenstraße; und da sind es nicht das Äußere, die Fassade, die uns erschrecken und überwältigen, sondern die Innenräume, Vorsaal und der Tanzsaal. Ich kenne keinen Raum, der, selbst leer, so festlich ist, und, nur mit Paradeuniformen und übergroßen Menschen und

Dekolletés gefüllt, sich darbietet, wie die beiden Säle. Linie, unter Gardemaß, würde schon gar nicht an die Türklinken kommen; geschweige denn die Türe öffnen können. Gewiß: Schinkel hat auch den Traum eines antiken Hauses in Charlottenhof nach Norden getragen, im Park von Glienicke sieht man etwas von ihm und bevor man nach Sanssouci hereinkommt, aber all das liegt abseits und ist nicht bestimmend für Potsdam.

Lassen Sie mal Haus für Haus passieren: Hier gibt's viel gute Architektur, kein Bau ringsum, der nicht jeder Betrachtung standhält. Eigentlich ist an den Bauten, meinen Sie, viel Ornamentales, viel Dekoration, Schmuckteile an Fassaden und auf den Gesimsen der Dächer, über und unter den Fenstern. Sie mögen damit recht haben, aber zeigen Sie mir in dem Potsdam Friedrichs ein Haus, in dem Ornamente, der Schmuck Selbstzweck geworden wäre und sich nicht der Bauidee einfügte oder sie unkenntlich machte. Selbst an Schlössern, dort wo der Schmuck überreich wird, wie am Neuen Palais oder auf dem Dach des Mittelbaus der Gemäldegalerie leidet – und wenn man auch meint, es löst sich alles auf und will in den Himmel hinaufflattern – leidet doch die Einheitlichkeit der Bauidee nicht. Die meisten der Prunkbauten hier ringsum sind - nach italienischen Motiven. So der Palazzo Barberini – er ist nebenbei erst 1771 erbaut worden und hat durchaus nichts, wie die Fama geht, mit der schönen tanzenden Freundin, die Pesne tamburinschwingend mit einem Pantherfell malte und auch ohne diese Embleme (wir reden uns immer ein, Ro-

koko war klein; dabei war sein Frauenideal lang-
gliedrig und überschlank fast!), also mit der Dame,
die jetzt zu so vielen schlechten Romanen und noch
schlechteren Filmen und Stücken herhalten mußte, hat er durchaus nichts zu tun. Dann ist da – Sie
können es von hier nicht mehr gut sehen – der italienische Bau mit den Säulen und den etwas zu
schweren Masken, nach Veronas Palazzo Pompej.
Dann Palladio plus Holland: das Rathaus. Man hat
versucht, noch vor kurzem, es zu erweitern, und sah
bald ein, daß es so wenig heute zu ergänzen war,
wie eine antike Statue. Da sind die Predigerhäuser,
Roms Consulta, und ein Palast aus Vincenza stand
dabei Pate. Aber all diese Bauten sind eben doch
nicht Italien, sie sind umgewandelt und umempf-
funden, haben sich gleichsam einer andern Luft
anpassen müssen. Algarotti, der Friedrichs päpstli-
cher Vertrauensmann war, mußte ihm Zeichnungen
von italienischen Palästen schicken, und Palladio,
Vitruv und Piranesi wurden eifrig nach Motiven
durchblättert. Und trotzdem ist kein Berliner Dom,
sondern soviel Gutes dabei herausgekommen. Nebenbei ist eigentlich hier nur im Umkreis des
Schlosses die Häufung von palastähnlichen Fassaden, die übrige Stadt bleibt sehr zu ihrem Vorteil
bürgerlicher. »Mein Wohnideal wäre«, sagte ein wit-
ziger Kopf der Zeit, »in einem niedlichen Häuschen im französischen Geschmack zu leben, mit
Aussicht auf einen Bau von Palladio.«
Ich habe eigentlich nie gesehen, wie es nun in
diesen Häusern aussieht, ob schöne Zimmer, Säle,
Treppenhäuser dort waren, reiche Stuckdecken,

alte Seidentapeten usf. Außer ein paar schönen Treppenhäusern, wie im Stadtmuseum und am Kanal, kenne ich keine Innenräume von Belang. Glaube, es war nie allzuviel. Und von dem, was einst war, ist heute wenig nur noch vorhanden.

Sehen Sie mal da drüben am Markt Nr. 13 diesen langgezogenen Puttenfries … erinnern Sie sich an die Casa der Vettier? Da, aus Pompeji kommt so etwas eigentlich her, dieses Spiel der Amoretten mit den Verrichtungen der Großen. Da sind auch solche Goldschmiedewerkstätten und Webereien an die Wände gemalt. Was treiben diese nackten Bengelchen und Mädelchen da oben eigentlich? Sie gießen etwas in eine Bütte; sie schleifen etwas heran; sie verbrennen etwas. Es wird wohl irgendwelche Beziehungen zu dem Handwerk und dem Vertrieb haben, der hier mal in dem Hause war. Vielleicht war es für einen Weinhändler gebaut. Aber sehen Sie sich mal Komposition und Modellierung mit dem Glas an. Und dann denken Sie an das, was heute an Bildhauerarbeit und Stuckwerk an die Häuser kommt. Meinen Sie, daß man das nach hundertfünfzig und mehr Jahren noch ansehen kann?

Doch – Gottlob! – es wird da gar nicht mehr vorhanden sein. Nicht, weil die Häuser inzwischen niedergerissen sind, sondern weil unser Stuck und unser Verputz von heute in dieser Zeit sich längst in nichts aufgelöst haben wird. Wie viel davon haben wir schon in den letzten zwanzig Jahren im Bayrischen Viertel und um den Victoria-Louise-Platz zerbröckeln und in sich zerfallen sehen. Vielleicht wird also in der gleichen Zeit, wo hier kaum ein Fingerchen von einem Putto losbrach, unsere ganze architektonische Schreckenskammer schon wieder verschwunden sein. Das walte Gott! Von wem es ist? Wer der Modelleur war? Ich ahne es nicht. Aber vielleicht war es dieselbe Hand, von der in der Schloßstraße, da drüben an dem Plögerschen Gasthofe, unter den Fenstern die Putten in dem bewegten und reizend lockeren Hochrelief sind. Oder jene am Kanal, in der Nauener Straße an der Alten Post. Ich denke, er heißt Heymüller. Einer der wenigen der Modelleure, die man sicher bei Namen kennt. Aber es kann auch ein anderer gewesen sein. Das Hübsche an alter Kunst ist ja die Anonymität. Wenn heute jemand einen blauen Kreis und zwei rote Striche hindurch malt, schreibt er zuerst einmal in Antiqua seinen Namen darunter. Doch betrachten Sie sich einmal dieses ganz schlichte Haus, das an der Ecke vor dem Boumannschen Rathausbau. Es will gar nichts von sich hermachen, wie die Palastfassaden ringsum, und behauptet sich doch zwischen ihnen. Im Sockel ist es wohl etwas zu seinem Schaden verändert, aber sonst ist es ziemlich unberührt. Woran erinnern Sie die beiden Karyatiden, die mit dem Oberkörper aus den überlangen, spitz zulaufenden Pilastern herauswachsen, und mühselig, mit verkreuzten Armen, den breiten, schön geschweiften Balkon stützen, mit seinem leichten und doch groß gedachten und stabilen schmiedeeisernen Gitter? Woran die schrägstehenden großen Köpfe über den gerundeten Mittelfenstern darüber? Sind das nicht Motive aus Sanssouci?! (14) Und Sie haben recht: es ist auch von Knobelsdorff. Wie unendlich schlicht dabei das Ganze ist: der nur wenig betonte und doch deutlich sich absetzende dreifenstrige Mittelbau, durchgehend in einer Linie von oben bis unten. Die beiden einfenstrigen Seitenflügel. Der Sockel, der sich dem etwas ansteigenden Straßenniveau anpaßt. Die Kanten des Mittelteils und der Flügel sind nur bis zum ersten Stock mit Quadern betont, als ob hier der Bau etwas mehr Festigkeit brauchte. Sonst aber sind es ganz schlichte, große Putzflächen, in denen, prächtig eingeschnitten und profiliert, die wenigen großen Fenster sitzen. Und zwar im Wechsel: langgezogen, dann gerundet und unter dem Dach rein quadratisch. Und doch ist diese Seite nur eine Scheinfront. Der Eingang ist von der anderen Straße. Aber man vermißt ihn nicht. Das Türchen hier unten führt wohl in irgendwelche Kellerräume. Die Bedeutung eines Architekten ersieht man eigentlich erst daran, wie er solche Aufgaben bewältigt und schier ohne Mittel sie gefällig und vornehm macht. Und das Erreichen von Vornehmheit mit äußerster Sparsamkeit der Mittel – so daß eigentlich nur das Haus an sich, der reine Gedanke bleibt, tritt in den anderen Häusern von Knobelsdorff noch stärker hervor.

Die ehemalige Kommandantur (jetzt Oberpräsidium) am Lustgarten ist ein Repräsentationsbau und deshalb reicher. Sie zeigt aber nur die gleichen Prinzipien: Betonung der Ecken durch die Andeutung von Quadern; klare und doch diskrete Hervorhebung des Mittelbaus. Die hohe gruppen- und vasengekrönte Abschlußmauer des Lustgartens ist an der Seitenfassade direkt auf der Wandfläche als Bauteil des Hauses weitergeführt. Unter tausend Architekten würde nicht einer den Mut dazu haben, und es geht dabei, ist sogar amüsant und belebend. Aber noch besser als Probe auf unser Exempel sind die Häuser dahinten, hinterm Lustgarten, z. B. das in der Schloßstraße zwölf und die am Eingang zur Breiten Straße. Es sind niedere einstöckige Häuser – oder solche, in denen das zweite Geschoß nur noch ein Halbgeschoß ist – mit flachen Dächern! – und doch wirken sie durchaus monumental, mit ihren hohen Fenstern, mit den scharfgekanteten Flächen, mit den stark durchzogenen Querlinien der Geschosse. Sie ruhen auf dem Boden – breit und selbstbewußt. Flache Stufen führen zu dem Eingang, den gewulstete Säulen flankieren. Tücher wiederholen die Rundungen über den oberen Fenstern, Schlußsteine lasten auf den Graden der unteren. Die Mittelachse wird wohl betont, aber sie wird nicht hervorgehoben. Die Häuser erinnern mich an ein Wort, das mal ein kluger Architekt mir sagte: »Es ist durchaus falsch, anzunehmen, daß in der Baukunst zwei Meter zwei Meter sind. Es können fünf Meter sein und es braucht auch nur ein Meter zu sein. Es kommt ganz darauf an, wer die zwei Meter in die Hände gekriegt hat: ein Künstler oder ein Pfuscher. Aus zwei Metern fünfe zu machen, das ist das letzte Geheimnis, das wir lernen können.« Vor den Häusern aber erkennen wir, daß, wenn einer, Knobelsdorff unbewußt dieses Geheimnis besaß. Ich weiß nicht, ob die Pflasterung vor dem Haus auch aus der Zeit stammt, und wenn auch nur in dem Verhältnis des Bürgersteigs zu dem Haus. Aber: wie der Bürgersteig, überbreit und an den Ecken gerundet, davor liegt, gleichsam einen Vorplatz bildet, das ist durchaus einheitlich mit der Front des Hauses gedacht. Wenn ich Ihnen überhaupt einen Rat geben will, halten Sie so etwas nicht für nebensächlich. Achten Sie auf Kleinigkeiten. Sehen Sie sich an, wie drei Stufen zu einer Haustür emporführen, wie mit der Pflasterung eine Unebenheit des Terrains überwunden wird. Achten Sie auf Straßenbreiten. Darauf, wie Bäume angepflanzt sind und wo; am Kanal, im Kietz, in der Lindenstraße. Sehen Sie sich Gitter an, Eisengitter – nicht nur des Rokoko –, und wenn Sie Ihnen auch noch so einfach scheinen wie der eiserne Abschluß vom Lustgarten. Betrachten Sie sich die Böschungen des Kanals etwas genauer, die Spannungen der Brücken darüber. Die Beziehungen von Bürgersteig zum Fahrdamm. Gehen Sie auch nicht an den kleinen Beischlägen vorüber, die die simplen Häuschen am Wasser des Kanals haben und so fort. Denn nichts von all dem ist beziehungslos zum Wesen und zum Bild dieser Stadt.

Ich denke, wir bleiben vorerst in diesem Teil hier vorn, diesseits des Kanals. Denn es ist doch der Teil, der sich besser und ursprünglicher erhalten hat. Die Innenstadt, die ein modernes Geschäftsleben hat, ist doch schon reichlich zerstört und umgebaut, am stärksten wohl in der Nauener und in der Brandenburger Straße, die wirklich heute nur noch wenig von Potsdam verraten und ebensogut in Brandenburg oder in Burg liegen könnten. Das heißt, so peinlich und physiognomielos mit der Zeit geworden ist, wie das eben nun mal eine aufblühende märkische Provinzstadt nur sein kann.

Es drängt sich die Frage dabei auf: Haben wir das Recht dazu? Daß wir es uns genommen haben, ist nicht zu bestreiten; und was wir damit erreicht haben, ist – wenn wir aufrichtig sein wollen – traurig und beschämlich zugleich (nicht nur in Potsdam, wo es noch verhältnismäßig glimpflich verlief). Zieler, der die Einleitung zu dem guten Tafelwerk über Potsdam schrieb, gibt der Gegenwart recht, meint, daß die Ansprüche des modernen Lebens stärker sind, als ästhetische Theorien; und daß eben zwangsläufig durch eine Citybildung historische Architektur angebröckelt und zu Grabe getragen wird. Er stellt fest, daß die Pflege des Ortscharakters so etwas wohl aufhält, aber nicht verhindert. »Warum«, meint er, »soll die Gegenwart nicht im Gegensatz zu dem Alten stehen? Ist doch diese Stadt auch in striktem Gegensatz zu ihrem Charakter einst von Friedrich umgeformt worden? Das Erbe der Vergangenheit aber darf nicht ein Hemmschuh unserer künstlerischen Entwicklung werden.« So Zieler.

Ich muß bekennen, daß ich einigermaßen erstaunt war, als ich in diesem so kunstklugen und so für das Gegenteil überzeugend schönen Buche auf solche Sätze stieß. Und ich kann diese Stellung mir nur aus der politischen Konstellation deuten, in der damals die Stadtverwaltung zur Krone Preußens stand, die sich dadurch, daß sie über bauliche Veränderungen lange kein Verfügungsrecht gehabt hatte, in ihrer Entwicklung zu einem modernen

Stadtgebilde behindert fühlte. Sie erinnern sich noch – sofern Sie älter sind –, welchen Kampf es darum gab, daß die Straßenbahn eingeführt und dann elektrisiert wurde. Heute können wir es uns doch ganz ruhig eingestehen, daß es eine Barbarei und Verschandelung der Stadt und ihrer schönsten Straßen und Plätze war. Zudem fielen noch (wie in der Charlottenstraße) völlig überflüssigerweise wundervolle Rotdornreihen den Nützlichkeitsprinzipien zum Opfer; und diese überbreite Straße, die trotz ihrer niederen Häuser durch diese Bäume intim gemacht wurde, war nun kahl, wie ein Rattenschwanz und frostig, wie ein abgesägter Geheimrat. Nein, ich bin, wenigstens für Potsdam, durchaus anderer Meinung. Erstens haben wir einen Überfluß an künstlerisch belanglosen und völlig mechanisierten Dingen in der Welt und – wenigstens in unserm Norden – einen fühlbaren Mangel an ästhetisch erfreulichen Dingen, und vor allem an solchen, die hier gewachsen sind. Und jedes – auch das bescheidenste Stück –, das wir davon der Notwendigkeit zu opfern vorgeben, ist ein unwiederbringlicher Verlust; denn es ist unersetzlich. Wer Sammler ist, weiß es, warum er sich ärgert und fast weint, wenn ihm ein ungeschicktes Mädchen beim Staubwischen ein altes Glas oder sonst etwas Hübsches zerschlägt, und warum er gleichgültig bleibt, wenn dasselbe Mädchen in der Küche eine Terrine hinwirft. Nicht, weil mit dem Glas ein Wert vernichtet wird – die Terrine ist sicher teurer –, sondern weil mit dem Glas ein Stück Schönheit unwiederbringlich aus der Welt geht, das nicht wieder

nachgeboren wird. Und weil so durch die Unge-
schicklichkeit und Unachtsamkeit eines Diensmäd-
chens der Bestand der schönen Dinge um eines
verringert wurde, und man sich ausrechnen kann,
wann sie so selten sein werden, wie der Venusschuh,
daß man Gesetze erlassen muß, um sie zu schützen.
Niemand darf sie abpflücken oder gar mit der Wur-
zel ausreißen. Und was wir für eine Pflanze tun, das
sollen wir nicht mal für schöne, einheitliche und
augenfällige Bauwerke tun können?!

Und wozu braucht der Merkantilismus die schönen Dinge so zu zerpatschen … wie ein Junge, der
einen Schmetterling fängt, ihm zuerst mit dem
Daumen über den Flügel patscht. Angenommen,
in einem alten Hause mit gefälliger einheitlicher
Front werden Läden ausgebrochen. Das Geschäft
würde nicht schlechter gehen, wenn diese Schau-
fenster etwas kleiner wären und sich dem Ganzen
anpaßten. Aber wozu muß nun, ohne Rücksicht
auf die Architektur, auf die Geschoßgliederung, auf
Schmuckteile, quer über die ganze Fassade weg ein
Riesenschild angebracht werden, »Müller & Meyer«, und oben auf dem Dach noch mal »Müller &
Meyer« in Riesenblechbuchstaben usf., damit man
schon von weitem sieht, nicht daß da ein schöner
Bau steht, sondern daß da Müller & Meyer Bade-
einrichtungen und Klosettbecken verkaufen? Es
wird deswegen nicht einmal mehr oder einmal weniger gebadet, wenn die Herren Müller & Meyer
weniger aufdringlich wären. Die, die den Wunsch
haben, es trotzdem zu tun, würden sie auch finden,
wenn nur neben der Tür ein kleines Schildchen

stände, nicht größer als die Hand eines Preisboxers. Ich verpflichte mich, aus Potsdam eine ganz andere Stadt zu machen von überraschender Einheitlichkeit – auch die Innenstadt drüben, jenseits des Kanals –, wenn man mir gestattet, sämtliche Firmenschilder an den Bauten von Wert auf dem Wilhelmplatz zu verbrennen oder einschmelzen zu lassen. Das wäre nur ein Anfang, und eine Reihe von anderen Korrekturen, das Beseitigen von Ein- und Umbauten, würde kaum viel einschneidender sein. An den Fischerhäusern in der Kleinen und Großen Fischerstraße ist über der Tür ein goldener Karpfen, und am Marstall sieht man irgendwo Gläser und Flaschen über einem Eingang; und da wußten die Leute ehedem ebenso gut, daß man da Fische kaufen und Bier und Wein trinken konnte, wie sie es heute wissen, wenn sie es in schlecht verteilter Schrift quer über das Haus schreiben.

Aber kommen Sie, nun schauen wir uns ein wenig um. Gehen wir mal hier entlang; geradeüber von diesem herrlichen Kastanienbaum, der seinen mächtigen blütenbesteckten Ast quer über die ganze Straße wegwirft – nach der anderen Seite, nach den Kolonnaden, konnte er sich nicht recht ausbreiten – da liegt der ehemalige Plögersche Gasthof. Ich glaube, Italien stand da auch irgendwie Pate. Aber man erinnert sich vor dem Reiz der Details nicht daran. Sie werden nachher die »alte Post« sehen. Sie ist von Unger (ebenso wie das Haus Charlottenstraße 72), und Sie erkennen, wie die Linien hin und her gehen, und man immer wieder versuchte, einen einmal gefundenen Bautyp umzuwandeln. Da ist »der Einsiedler«. Aber ich muß Sie enttäuschen: Man behauptet, daß die Sache Schwindel ist, daß der General von Einsiedel in diesem Hause hingerichtet worden oder geheimnisvoll gestorben worden wäre. Außerdem gibt's in der Chronik von Potsdam (neben allerhand Spuk!) eine viel unheimlichere Geschichte von einem hohen Offizier, der einen Knecht erstochen hatte, zum Galgen verurteilt, aber begnadigt wurde, doch jedes Jahr an einem bestimmten Tage wieder zum Henker gehen und einen neuen Strick sich um den Hals legen lassen mußte, den er unter der Uniform zu tragen hatte. Aber einmal ließ er es darauf ankommen und ging nicht. Und da kam des Morgens der Henker zu ihm und erwürgte ihn mit dem Strick in seinem Bett. Schade, daß Edgar Allan Poe sich diese Geschichte hat entgehen lassen. Kommen Sie also weg von der Historie.

> Die historischen Symbole,
> Töricht, wer sich wichtig hält,
>
> Immer forschet er ins Hohle
> Und versäumt die weite Welt.

Gehen wir hier den Hohen Weg herunter und lassen wir uns von den Dingen selbst überraschen. Wir reden uns immer ein, daß sich Straßen kreuzen müssen, wie Linien sich schneiden in rechten Winkeln. Aber bei den Vier Fontänen in Rom und bei dem prächtigen Quattri Canti in Palermo sieht man, daß es auch anders geht, und daß es anders weit lustiger ist, indem man nämlich die Ecken ausrundet und einen kleinen Platz schafft. Und das hier nennt man die »Acht Ecken«, und es ist von Unger um 1770 angelegt. Eigentlich ist es doch beschämlich klein, wäre ein Garnichts, wenn es nur eine Straßenkreuzung wäre. So aber hat es mit einmal Raum bekommen, ist zu einem richtigen, nach allen Seiten geschlossenen Platz und einem Ruhepunkt avanciert. Man bleibt unwillkürlich stehen und schaut sich um, blickt rechts und links, vor und hinter sich die Straßen herunter. Und in dem Augenblick wird es uns klar, welchem Zweck dieses improvisierte Plätzchen dienen soll ... eben nur diesem, daß wir nach allen Seiten uns umschauen. Überall ist das Bild geschlossen, wird der Blick auf ein bedeutendes Bauwerk in der Achse oder in halber Schräge gelenkt. Alles ist auf Prospekt komponiert. Zurückblickend geht's auf den von Knobelsdorff umgebauten Marstall mit seinen reichen plastischen Bekrönungen (also auf die alte Orangerie). Selten ist so viel Wildheit von sich bäumenden und scheuenden Pferden zusammengekommen, wie sich da oben auf den Giebeln austobt. (21) Dieser Bildhauer Glume (ich weiß sonst nichts von ihm) ist ein echtes Barocktemperament, das den Rahmen sprengt. Man betrachte nur die Rossebändiger auf dem Risalit des Stalles genauer, und die Mittelgruppe, in der jeder Gaul nach einer anderen Richtung ausschlägt. Am Kopfbau verbeißen sich sogar zwei Pferde (hinsinkend) ineinander, wie auf den Cimbernschlachten eines Rubens. Alles scheint unplastisch und ist doch plastisch – weil gekonnt. Und dazu diese famosen Barockviecher von Pferden mit den blödsinnig schweren Leibern, den zu kleinen Köpfen und den wild flatternden Mähnen und den langen, buschigen Schweifen, auf denen sie mir zu stehen scheinen, wenn sie aufbäumen, und den viel zu niedrigen Beinen, von denen man nie glauben würde, daß sie Körper von solcher Schwere je tragen könnten. Welche Wildheit und welch märchenhafter Naturalismus bei aller Stilisierung! Äußerste Wildheit und letzte in sich ruhende Gebundenheit einen sich. Der Bau darunter ist ganz ernst, ganz ruhig, ganz feierlich (eben wohl noch Nering, Zeit des Großen Kurfürsten). (22) Und oben tobt die wilde Jagd auf dem Dach. Wahrlich, wir werden nicht im Zweifel gelassen, was der Bau birgt und wie es in ihm zugeht. Das ist überaus kühn und glücklich gelöst. So wie in Salzburg.

Ja, wenn wir uns nach links wenden, haben wir den »Kutschenstall« als Schluß des Bildes jenseits des Neuen Marktes. Er ist spät, aus der Schlußzeit von Friedrichs Regierung. Oder er ist erst nach seinem Tode vollendet worden von einem Architekten Krüger. Er ist schon fast ganz klassizistisch (19), und es geht oben über dem Tor viel manierlicher zu. Wenn auch zwei Pferde der Quadriga, die der Soldat im Dreispitz lenkt, hochgehen, es sind doch schon militärfromme Gäule, die aufs Signal hören. Und als Zeichen, daß jetzt hier Preußentum und Gamaschendienst herrschen, stehen rechts und links die bezopften Soldaten, putzen das Lederzeug und klopfen die Schabracken aus. Gehen wir über den Neuen Markt. Er liegt abseits, ist so still und verlassen. Da machen Gläser und Bouteillen in Stuck über einer Tür darauf aufmerksam, daß es hier einmal etwas zu trinken gab. Diese große Palastfassade dort ist »auf Befehl des Königs« nach Palladio aus Vicenza gestohlen. Da ist ein Treppchen mit einem schönen Gitter (von Unger, 1773). Und wenn das Tor vom »Kutschenstall« offen ist, sieht man dahinter in das breite Laubgrün eines wundervollen alten Baumes, der den Hof beschattet. »Mit Freunden ist nichts los in diesem Leben«, sagt ein englischer Schriftsteller. »Meinen Sie, einer meiner Freunde weiß, daß ich Bäume eigentlich mehr liebe als Blumen?!« Gewiß, es gibt in Potsdam Prunkvolleres und Glücklicheres, als diesen Neuen Markt, der eigentlich in seiner Anlage halb stehenblieb, einschlief, bevor er aufwachte. Aber nur an ganz wenigen Ecken in Potsdam ist die Zeit so gefroren geblieben. Drüben, jenseits des Kanals, gibt es noch ein kleines Sträßchen, am Militärwaisenhaus, mit armseligen, aber ganz phantastischen Fassaden von etwas wilder Ornamentik und, wenn ich mich nicht täusche, auch mit Chinesenmasken an den Fassaden; ein Haus graugrün, eins rötlich, eines ocker usf., leicht vermorscht alles und schlecht gepudert, wie eine alte Hofdame, wenn der Ball zu Ende ist … »Der Sporn« heißt das Gäßchen, oder die Spornstraße. Wenn man da am späten Nachmittag hineingeht und einen Augenblick anhält, braucht man nicht mehr die Augen zuzumachen, um im Jahre 1770 zu sein.

Aber gehen wir wieder zurück, am Marstall vorbei zum Eingang der Breiten Straße vor, damit wir uns mal diese guten und ganz schlichten Häuser

von Knobelsdorff etwas von der Nähe ansehen können. Wie hübsch der Rückblick auf das Schloß von
hier ist, durch diese ganz simplen und doch lan-
zenstarrenden preußisch-puritanischen Eisengitter
mit ihren aufgesetzten Laternen auf den Eckpfo-
sten. Alles nur Linie. Es ist vielleicht schon Eisen-
guß, wird also später sein. Es schließt vollkommen
ab, kann nicht übersehen werden und ist doch
ebenso vollkommen blickdurchlässig.

Und von hier aus verstehen Sie den Sinn der Knobelsdorffschen Kolonnaden weit drüben, die uns
den Einblick und Durchblick in den Lustgarten
und weiter durch die Breite Straße quer durch das
ganze damalige Potsdam vorhin gestatteten. Denn
auch sie, diese Kolonnaden, sind nämlich von hier
aus kein Abschluß, sondern nur ein monumentale-
res, durchlässigeres Gitter, das uns den Blick in die
Weite läßt und auf die Anhöhen und den Brauhausberg jenseits der Havel. Kein größerer Unterschied,
wie zwischen diesem überreichen und ganz und gar
espritvollen Kinde der Phantasie eines malenden
Rokokoarchitekten – wie es die Knobelsdorffschen
Kolonnaden darstellen – und diesem gußeisernen
Abschlußgitter auf der anderen Seite. Ist Preußen
um 1800, wie wir es in den Empireräumen des Stadtschlosses sehen können, schon kühl und ernst geworden, nachdenklich, hat die Französische Revolution den Absolutismus der Fürsten auch dort er-
schüttert, wo nur die letzten Ausläufer des Erdbe-
bens hinkamen, so haben die Napoleonischen Kriege aus Preußen ein ernstes, karges und fast völlig
verarmtes Land gemacht, starr, hart, unfroh, selbst-

bewußt. Es heißt: Aufbau; es heißt: Macht wieder erringen … ganz gleich wie. Der friderizianische Kulturtraum ist ausgeträumt ein für allemal. Zu Schmiedeeisen, wie an der schönen Nahlschen Fahnentreppe da am Schloß, reicht es nicht mehr. Kein Reichtum, nur noch eine ganz karge Ornamentierung … Und doch liegt ein Stolz, eine Wehrhaftigkeit und eine Abgeschlossenheit darüber, ein Aufsichselbstzurückgezogensein, das uns Achtung abtrotzt. Die Kolonnaden sagen: Die Stadt gehört dem König; er hat Geist und er liebt die Kunst. Das Eisengitter drüben sagt: Diese Stadt gehört dem preußischen Heer. Hier wird gedient. Ganz klar und eindeutig: Für Kunst ist nicht mehr viel Platz hier.

Aber Sie meinen, daß das Gitter vielleicht gar nicht Empirezeit wäre, sondern doch früher. Ähnliche Lanzen mit geflammten Spitzen gibt es am Torflügel des Militärwaisenhauses von 1770 und an der Einfriedung von Sanssouci. Aber ich glaube doch, daß diese hier später sind. Und selbst, wenn nicht. Wenn Sie recht und ich unrecht haben sollten: Diese beiden Abschlüsse des Lustgartens sind so wundervoll bezeichnend für die beiden Potsdams. Das eine, das das »Weimar« Preußens werden wollte. Und das andere, das sich dabei begnügte, das eiserne Herz Preußens zu sein, und jeden Kulturgedanken wie absichtlich von sich schob. Oderint dum metuant.

Sehen Sie einmal die Breite Straße hier herunter. Wirklich, breit und imponierend, Platz für Kaleschen, die herunterfahren nach Sanssouci, für Regimenter, die nach dem Lustgarten ziehen. Wie ein Block springt der Turm der Garnisonkirche in die Straßenfront vor da hinten, streckt sich, wie ein muskulöser Arm, zum Himmel. An Kirchen hat Potsdam eigentlich nur zwei, die Charakter haben. Beide so aus den Jahren um 1730. Hier die Garnisonkirche von Gerlach – und weit drüben die Heiligengeistkirche von Grahl. Von beiden hat man eigentlich nur die Erinnerung, wenn man an sie denkt, sie wären Türme, Körper, ohne Schiff. Aber diese Türme sind markig und wuchtig und schwer. Und bei beiden hat man das Gefühl, daß sie eigentlich mit ihren Absätzen sich irgendwie in die Luft emporschrauben. Und in Wahrheit sind sie aus gewaltigen und, wie Kinder bauen, sich leicht verkleinernden, stark profilierten Klötzen übereinandergelegt, bis sie oben die Laterne und das Käppchen, die Kuppel, den Helm tragen können. Aber auch der Soldatenkönig sagte: Erst der Staat, erst das Heer und dann die Kirche. Auf dem Kreuz sitzt der Adler, sieht zum verschlungenen Monogramm des Königs auf dem anderen Balken hinüber; und über allem strahlt golden der Gardestern. Aus der offenen Laterne aber, unter dem Helm, singt das holländische Glockenspiel: »Üb' immer Treu und Redlichkeit« und »Lobet den Herrn«. Manche finden es melancholisch und trübselig, das ewig gleiche Geklimper; und manche anheimelnd. (18) Aber wo auch in Briefen oder Büchern der Biedermeierzeit Potsdams Erwähnung getan wird, da nimmt man dazu Stellung, sieht in ihm entweder eine Betonung der Potsdamer Stimmung, die man liebt, oder man empfindet es als ein Symbol für Potsdams

Verlassenheit, die man, als Kind einer neuen Zeit, eben strikte ablehnt. Ich persönlich mag das Geklimper, dessen Melodie man mehr ahnt als erkennt, und das so oft in kleinen holländischen Städten durch das Marktgewirr sich Bahn bricht, gern. Denn es ist nett, wenn einen auch nur der Hauch einer Melodie dann vom Himmel hoch anfällt, wenn man es gerade nicht erwartet. Aber gewiß, ich stimme Ihnen zu: Warum soll hier nicht der Gardestern über der Kirche schweben? Sie war ja eine Garnisonkirche und für die »6592 Seelen evangelischer Christen des Militärstandes« bestimmt. Aber ... wie heißt es doch bei Béranger?

»Der betet mich als Gott der Schlachten an,
Und würgt drauflos mit Säbeln und Pistolen,
Schritt ich 'nem Regimente je voran,
So soll zur Stunde mich der Teufel holen.«

Die Dekorationen des Turmportals sind nebenbei sehr schön großzügig, echtes barockes Empfinden; – wenn es auch seltsam anmutet, daß rechts und links vom Eingang zum Gotteshaus breite Degen und Reiterpistolen und Trommeln und Pfeifen gleich bündelweise aus den Helmen herabfallen.

Schade, daß Friedrich außer dem kleinen Rondell der Französischen Kirche, die eine Eloge an seine Emigranten war, die seinen Potsdamern Seidenbau und andere schöne Künste lehren sollten, keine Kirche in Potsdam gebaut hat, außer dem Vorbau der Nikolaikirche, der wieder verschwunden ist. Zwar liebte der evangelische Norden nüchterne und schmucklose Glaubensstätten und lehnte gewiß die bunten und goldstrahlenden Tanzsäle Gottes, wie sie z. B. München und Würzburg und Tirol kennen, als heidnisch und verführerisch mit Emphase ab. Aber solch ein hübsches und lustiges und helles Rokokokirchlein, das von Gold innen nur so flirrt und von ganzen Engelschwärmen in allen Jahrgängen zwischen zwei und fünfzehn nur so überflattert ist wie ein Kleefeld von Schmetterlingen, in dem Nahl und die anderen sich ganz nach Belieben hätten ausleben können, solch ein Denkmal eines sympathischen Atheismus, das fehlt in Potsdam. Es wäre eine hübsche Ergänzung zu Freundschaftstempeln und chinesischen Häusern gewesen.

Sehen Sie nur, wie gut man den Raum neben der Garnisonkirche ausgeschnitten hat. Er wirkt ganz als geschlossener Platz, trotzdem er nach allen Seiten offen ist und Zugang hat, so wie ein Saal mit geöffneten Flügeltüren immer noch als Saal wirkt. Der Abschluß mit der offenen Säulenhalle und der gestuften Kuppel darüber und dem römischen Krieger auf seiner Spitze ist der Kopfbau des »Langen Stalls«. Er ist aus der allerletzten Regierungszeit Friedrichs (von Unger), schmeckt schon etwas allzu absichtlich nach Antike, aber – er ist groß gedacht. (20)

Fällt Ihnen auf, wie hübsch eigentlich hier die Bäume in der Breiten Straße mit der Architektur zusammengehn? Und noch glücklicher am Kanal und nach der entzückenden Brücke von Manger zu?! Das ist von Holland. In der älteren deutschen

Stadt spielt der Baum im Stadtbild keine Rolle. Und in Italien erst recht nicht. Gewiß waren die Bäume noch nicht so, wie diese Bauten noch jung waren. Sie sind heute alt und riesig geworden. Gehen manchmal bis über die Dachfirste hoch, lassen von hier aus nur den Fries mit den Büffelschädeln unter dem Dachrand der Gewehrfabrik – ein vielbewundertes Haus! – hinüberschimmern und die schönen bewegten Giebelfiguren. Gefallen Sie Ihnen? Ja! Dann hat also bis heute die Grabschrift über den Gebeinen ihres Schöpfers Johann Peter Benckert draußen auf dem Friedhof an der Saarmunder Chaussee recht behalten, die da schließt:

»Obwohl der Körper tot, doch leben seine Werke. Und der, so diese sieht, ehrt seines Geistes Stärke.«

Aber wie gut gehen doch diese Baumreihen hier – ob belaubt, oder kahl – mit der Architektur zusammen, gehören unlösbar zum Stadtbild. Das eigentliche Holländische Viertel ist nicht da drüben, ist weniger da weit drüben, wo man ganze Straßenzüge nach holländischer Art gebaut hat, mit Giebelhäusern in roten Ziegeln und weiß gefugt, nur mit zarten Rosengehängen unter den Fenstern (einfach den Stuck auf den Ziegelstein gesetzt) als einzigem Schmuck, und die etwas prunkvolleren daneben, dann mit großen hellen Rocaillen, mit riesigen Muscheln in der Giebelfront. (12) Diese Häuser sollten schon zu Zeiten des Großen Kurfürsten seiner holländischen Gemahlin ein Stück Heimat vortäuschen. (10) Sie sind auch alle »Soldatenhäuser«, denn nur die verheirateten wohnten in den

Kasernen unter dem Soldatenkönig; und die unverheirateten immer zu dreien und vieren waren bei den Bürgern in eben diesen Giebelzimmern da oben untergebracht. Deswegen also all diese ausgebauten und oft schlecht ausgebauten Mansarden, in der Charlottenstraße, der Jägerstraße, der Schockstraße und all den kleinen Nebenstraßen um das »holländische Viertel«. Nein, ich finde, das sogenannte holländische Viertel ist weit weniger typisch und an Holland gemahnend als gerade diese Stadtgegend hier, die unwillkürlich, ohne daß geradezu eine Ähnlichkeit wäre, an Utrecht oder Leiden erinnert. Vielleicht ist es nur die Verbindung von Architektur, Wasser und Bäumen, das Zusammenspiel und die Untrennbarkeit von all diesen drei.

Augen auf – hier kommt viel Gutes zusammen, da blickt schon die Kuppel vom Militärwaisenhaus herüber, und da dieser schöne Komplex jenseits des Kanals mit den beiden erhöhten figurenbekrönten Eckbauten und dem niederen Mittelglied, das sind die Hiller-Brandschen Häuser. Ich erinnere mich ihrer noch von meiner Jugend her, und ich habe sie immer ganz scheu betrachtet, weil sie mir einen Begriff von Vornehmheit gaben, der einem Berliner fremd und ganz leicht unbehaglich war. (6) Da drüben war noch ein Bau, der etwas Festungsähnliches hat, ein kleines Tor, oben Säulen und die Untergeschosse wie in sechs Bastionen aus Quadern aufgetürmt. Es ist nach dem Haus Bramantes in Rom. Aber lassen wir das: von Häusern wollen wir vorerst gar nicht sprechen; denn hier die breite Brücke mit den Laternenträgern von Gebrüder Räntz, sechs Gruppen von je zwei athletischen Kerlen – ich denke, es sollen Krieger sein –, das ist schon eines der Bijous von Potsdam. Ich will gar nicht von Einzelheiten reden, wie die Brücke hier sich über das Wasser schwingt mit einem eleganten Satz, der etwas höher und weiter ist, als unbedingt nötig wäre, um den Sprung mächtiger erscheinen zu lassen, als er eigentlich ist. Ich will auch nicht davon sprechen, wie sich hier der Kanal der Wirkung willen künstlich ein wenig verbreitern muß und wie überraschend einfaches Eisengitter in hübschen Mustern sich zwischen den überbewegten Gruppen der Laternenträger hinzieht in beabsichtigter Gegensätzlichkeit. Warum hängt man nebenbei in die alten Laternenringe aus Eisen keine Glasballons wieder herein – wie sie sicher noch vor Zeiten der Gasbeleuchtung da hingen?

Kommen Sie einmal hierherum, und lassen Sie die Brücke mit ihren ganzen Environs auf sich wirken. Kennen Sie die Stelle nicht? »Sie waren indessen«, heißt es in »Heinrich Schön jun.«, »langsam, einen Fuß vor den anderen setzend, ohne daß sie es selbst merkten, ein Stückchen am Kanal entlang gewandert, der da unten zwischen breiten Steinwangen und roten, zerfressenen Ziegelmauern schwärzlich und reglos dahinzog und den farbigen Himmel, die hohen Bäume und die Figuren und Stuckschädel der Gewehrfabrik drüben im umgekehrten Spiegelbild ganz tief unten, wie auf dem Grunde einer Basaltschale zeigte. Und nun standen sie etwas unschlüssig an der breiten Brücke vor den schönen begrünten Steingruppen mit den großen Glaskugeln der Laternen, in denen rotgelb, ohne zu strahlen, die ersten schon entzündeten Lichtfünkchen schwammen. Und über dem Dach der Gewehrfabrik ragte der schwere Turm der alten Garnisonkirche mit seinen wuchtigen Baugliedern, mit seinem reichen Zierwerk von Schildern, Helmen, Panzern und Standarten frei und stolz in die Luft empor: grün und grau und rot im Abendlicht. Und der Ordensstern da oben auf seiner Spitze, der breite, goldene Stern über dem Adler leuchtete ganz magisch und unwirklich in seiner einsamen Höhe.«

Sehen Sie, das ist diese Stelle; und ich hätte hinzufügen können: Und auch der Turm nebst Schildern, Helmen, Panzern und Standarten, goldenem Adler und Ordensstern darüber fand sein langgestrecktes, zitterndes, immer wieder sich lösendes und immer wieder sich zusammenfügendes Ebenbild, wie auf dem Grunde einer Basaltschale, in dem leise ziehenden, schwarzen Wasser des Kanals.

Nun sind wir dem Neustädter Tor ein gut Stück näher gekommen. Kennen Sie eigentlich die Tore von Potsdam? Das Berliner Tor, von Boumann, das Brandenburger Tor von Unger (eine Seite ist von Friedrich selbst entworfen) habe ich nie recht geliebt. Es sind Nachbildungen römischer Triumphbögen, und die sind doch eigentlich nur erträglich, weil sie Patina bekommen haben. Am Titusbogen und am Constantinsbogen ist die Farbe, sind diese langen verwaschenen Streifen über dem rostigen und grauen Stein das Schönste. Sicher waren sie einmal unerträglich, wie sie noch jung und unblessiert waren. Aber dann ist noch das Jägertor und das Kellertor an der Havel, das vor allem deswegen dort hingebaut wurde, weil die armen langen Kerle von dem Soldatenkönig immer bei Nacht und Nebel gerade da über die Havel geschwommen waren, um zu desertieren. Kellertor und Jägertor sind bescheiden und lustig zugleich, kleine Residenz. Weder sind es eigentlich Wachtore, noch sollen sie der Verteidigung dienen, sondern es sind Ziertore – wie an dem Tor einer kleinen süddeutschen Stadt, das aus der gleichen Zeit stammt, steht, daß es der Pater patriae gebaut habe, nicht als Wehr und Schutz der Stadt, sondern ihr zur Zierde (und das sogar auf lateinisch!). Aber der Romantiker Friedrich Wilhelm IV. mußte aus dem Nauener Tor einen roten, mittelalterlichen, breiten, betürmten Backsteinbau machen, um auch hier ein Stück Rittertum sich vorzuspielen. Am nettesten von allen aber bleibt mir immer das Neustädter Tor hier; der Abschluß mit den Obelisken von Knobelsdorff dahinten, ganz lustig und spielerisch; Adler, die sich im Wind die Flügel verrenken auf goldenen Butterkugeln über der Spitze der Obelisken, Adler, die ganz und gar Rokoko und so gar nicht königlich sind. Nebenbei hat er geschmackvoll, wie stets, die Obelisken in spitzem Winkel auf die Mauer gesetzt, so daß sie dem Entgegenkommenden möglichst viel Fläche zukehren.

Der Meister des Brandenburger Tors – das in Berlin meine ich! das wahrlich eine Sache von erschreckender Monumentalität ist (wie das nach Bildern zu urteilen auch Arbeiten des russischen

Empire sein müssen, sonst kenne ich aus der Zeit keine von solcher wilden und zugleich finsteren Wucht, vorgeahnter Wolkenkratzerstil!) – hat in Potsdam kein Tor geschaffen. Langhans hat da nur – unter dem Nachfolger Friedrichs des Großen – am Kanal, am anderen Ende von hier aus, das Schauspielhaus gebaut, berühmt durch die lapidaren Widmungsworte, die es, gleichsam auf seinem Stirnband geschrieben, trägt: »Dem Vergnügen der Einwohner«. Langhans hat mit einer eisernen Feder gezeichnet, und das ist auch wieder solch finsterer Pylonenbau, der mit seinen Seitenabschlüssen, einer schweren Mauer mit schweren Vasen in eins gedacht ist, gleichsam aus ihr herauswächst, und unten drei niedere, tief ausgeschnittene Tore hat, wie Mauselöcher, in die man hineinkriechen soll. Aber über dem Giebel tanzt ein ganzer Zug griechischer Gestalten. Mit Satyren und Amoretten untermischt, benutzen Apoll und Musen und Grazien die Darbringung eines Opfers dazu, sich schwungvoll und in kühler Anmut reliefhaft zu bewegen. Aber selbst die Übergröße, die Meister Schadow ihnen gab, bringt uns nicht darüber fort, daß dieser Olymp doch für den Beschauer etwas allzu hoch über dem Erdboden liegt und man für das ganze Theater, das mehr erschreckt als erhebt, keinen rechten Standpunkt findet. Die Bewußtheit, mit der in der Zeit Friedrichs jedes wichtige Bauwerk in der Stadt an seine richtige Stelle gesetzt wurde, war schon seinem Nachfolger verlorengegangen. Immerhin, unter den wenigen reinen und schönen Empirebauten in der Stadt – ein Haus in

(1) … wir sehen mit einem Blick, wie im Querschnitt für diese Stelle, durch ganz Potsdam hindurch und fühlen schon, bevor wir eintreten, diese bewußte, plastisch in Raum gedachte Stadtanlage.

(2) ... ich bekenne, daß von der ganzen Dynastie der Hohenzollern sich nur zwei meiner Zuneigung erfreuen ... Der eine von
beiden ist Friedrich II., genannt der Große. Seines Geschmacks
willen und seiner Sehnsucht willen, geistige Menschen um sich
zu sehen.

(3) … der andere ist Friedrich Wilhelm IV. Seines Witzes willen.
… dieser Mann ist eigentlich mein Liebling. Wie ich überhaupt
von Witz immer entwaffnet werde, und schwache und begabte
Menschen, die im richtigen Augenblick versagen, hoch einschätze.

(4) ... und nun darüber ... die gewaltige Kuppel dieser falschen Peterskirche ... während ... die Nadel des Knobelsdorffschen Obelisken spitz in die Höhe weist ... Das ist echter Schinkel!

(5) Knobelsdorff liebte Obelisken sehr lange vor der Ägyptenmode, die der Feldzug Napoleons in die Welt brachte. Manche hat
er mit ganz phantastischen Zeichen bedeckt – Hieroglyphen des
Rokoko – wie die … am Eingang zu Sanssouci, Hieroglyphen
mit Zöpfen und Allongeperücken sozusagen.

(6) … das sind die Hiller-Brandschen Häuser. Ich erinnere mich
ihrer noch von meiner Jugend her, und ich habe sie immer ganz
scheu betrachtet, weil sie mir einen Begriff von Vornehmheit gaben, der einem Berliner fremd und ganz leicht unbehaglich war.

(7) *Auch Georg Christian Unger ... hat eine warme, reiche, süddeutsche Bauphantasie. ... die vornehmsten und zugleich fröhlichsten Häuser – denn ein Haus kann auch fröhlich sein! –
stammen von ihm.*

(8) »Herrlich, wieviel Zeit die Leute hier haben«, das ist das erste, das wir empfinden, wenn wir in eine kleine alte Stadt kommen. »Schrecklich, wieviel Zeit die Leute hier haben«, denken wir, wenn wir acht Tage da sind. Also wozu stürzen?! Schlendern wir mal am Kanal entlang.

(9) ... das Haus da ganz unten am Kanal (Nr. 4a), wo ich meinen Heinrich Schön spielen ließ, ... die beiden Linden neben
dem Aufgang über der Bank und über dem Rokokogitter.

(10) Diese Häuser sollten schon zu Zeiten des Großen Kurfürsten seiner holländischen Gemahlin ein Stück Heimat vortäuschen.

(11) ... *Friedrich (I.) hatte auf einer holländischen Reise Ge-schmack an dieser Bauart gefunden und wollte erproben, wie sich dieser Stil eines bürgerlichen Aristokratismus hierher ver-pflanzen ließ.*

(12) … mit Giebelhäusern in roten Ziegeln und weiß gefugt, nur mit zarten Rosengehängen unter den Fenstern (einfach den Stuck auf den Ziegelstein gesetzt) als einzigem Schmuck, und die etwas prunkvolleren daneben, dann mit großen hellen Rocaillen, mit riesigen Muscheln in der Giebelfront.

(13) Diese Zeit liebte Balkons noch nicht. Und wenn sie sie ersann, so war es eben kaum, damit Menschen heraufgingen oder gar dort oben sitzen konnten, sondern eben rein als ein Stück der architektonischen Gliederung.

(14) *Woran erinnern Sie die beiden Karyatiden, die mit dem Oberkörper aus den überlangen, spitz zulaufenden Pilastern herauswachsen, und mühselig, mit verkreuzten Armen, den breiten, schön geschweiften Balkon stützen, mit seinem leichten und doch groß gedachten und stabilen schmiedeeisernen Gitter? Woran die schrägstehenden großen Köpfe über den gerundeten Mittelfenstern darüber? Sind das nicht Motive aus Sanssouci?!*

(15) Denken Sie an Schloß Sanssouci. ... Ist Ihnen einmal klar geworden, daß jede Kunst eigentlich einen Urgedanken, ein Ideal ihrer selbst verkörpert, das wir nicht kennen ...

(16) Der einem Campanile ähnliche Ziegelturm? Das muß die Kirche an der Nauener Straße, am Bassinplatz, sein.

(17) Wir wissen, ... wer die großen bewegten Figuren an der Französischen Kirche machte (Glume) ... und können danach vielleicht erraten, daß dies und jenes vielleicht von derselben Hand herrühren mag.

(18) *Wie ein Block springt der Turm der Garnisonkirche in die
Straßenfront vor da hinten, streckt sich, wie ein muskulöser
Arm, zum Himmel. ... Aus der offenen Laterne aber, unter dem
Helm, singt das holländische Glockenspiel: »Üb' immer Treu
und Redlichkeit« und »Lobet den Herrn«. Manche finden es
melancholisch und trübselig, das ewig gleiche Geklimper; und
manche anheimelnd.*

(19) ... haben wir den »Kutschenstall« als Schluß des Bildes jenseits des Neuen Marktes. ... Er ist spät, aus der Schlußzeit von
Friedrichs Regierung. ... Er ist schon fast ganz klassizistisch ...

(20) Der Abschluß mit der offenen Säulenhalle und der gestuften Kuppel darüber und dem römischen Krieger auf seiner Spitze ist der Kopfbau des »Langen Stalls«. Er ist aus der allerletzten Regierungszeit Friedrichs ..., schmeckt schon etwas allzu absichtlich nach Antike, aber – er ist groß gedacht.

(21) *Zurückblickend geht's auf den von Knobelsdorff umgebauten Marstall ... Selten ist soviel Wildheit von sich bäumenden
und scheuenden Pferden zusammengekommen, wie sich da oben
auf den Giebeln austobt.*

(22) *Der Bau darunter ist ganz ernst, ganz ruhig, ganz feierlich
(eben wohl noch Nering, Zeit des Großen Kurfürsten).*

*(23) ... vielleicht liebe ich Potsdam nur deshalb, weil es da so
viel Putten gibt ... Tausende und Tausende, überall, wenn
man nur die Augen aufmacht, bis zu denen auf der Rampe vor
der Bildergalerie in Sanssouci, die sich miteinander balgen, sich
Schleier über den Kopf zu ziehen versuchen, und wo sogar dicke
Negerbabys küssen und geküßt werden.*

(24) Mögen Sie Putten? So kleine, nackte Bengels oder Mädel-chen, höchstens ein Jahr und fünf Monate alt, schon laufend, aber noch ganz feist und babyhaft … Immer nackt, daß man meint, sie könnten sich erkälten oder einen Sonnenstich bekom-men? Sie spielen mit Symbolen oder treiben irgend etwas, das sie nach ihrem Alter und ihrer Körperkonstitution absolut nicht ver-mögen. Strengen sich scheinbar an. Erledigen es aber spielend.

(25) Und vielleicht ist mit ein unbewußter Grund für meine Vorliebe für Potsdam und für seine Gärten da draußen auch der, weil es da so viele und so hundertfach verschiedene Formen von Vasen gibt.

(26) Vasen drücken so viel aus: sie sind so musikalisch. Sie können ernst sein wie verhangene Trommeln, und heiter, wie Querflöten. Sie können Geist und Witz und selbst Pikanterie haben.

(27) *Ich weiß gar nicht, wieviel dieser verlockenden oder verderb-lich lächelnden löwentatzigen Frauenwesen in Potsdam noch heute ihr steinernes Unwesen treiben. ... sie bewachen den Ein-gang zum Park von Sanssouci, wo sie sogar gepuderte Perücken, Fächer und Schleier haben, die Amor selbst vergeblich ihnen vom lockend verhüllten Antlitz zu zerren versucht.*

(28) Da drüben vor uns liegt eine herrliche, jedoch abgeschlossene Welt; und gerade darum, weil sie so unwiederbringlich-herrlich in der Geschlossenheit ihrer Kultur und ihrer persönlich betonten Kunst war, achte, liebe und verehre ich sie so.

(29) Auf Hunderten von Morgen wurde in und um Potsdam ehedem Wein gebaut. Noch 1782 sind es fast 1000 Morgen, die in und um Potsdam der Weinkultur dienen, und wohl alle Südhänge der Hügel bedecken. Friedrich redet nie von Sanssouci, sondern immer vom Weinberg.

(30) Draußen in der eisernen Gitterlaube vor seinem Bibliotheks-
zimmer, stand die schöne, frühe Bronze des Adoranten, des Kna-
ben, der seine Arme erhebt zu einer unbekannten Gottheit. … er
ist ein Kanon auf den Knabenkörper, und Friedrichs Blick mag
oft vom Buch aus zu ihm hinübergewandert sein.

(31) Sanssouci … galt stets durch seine Größe und seine Pracht-entfaltung, und durch das Andenken an Friedrich den Großen, das hier zur Atmosphäre sich verdichtet hatte, als eines der Welt-wunder aus den letzten Jahrhunderten.

(32) Etwas vermißt z. B. niemand, daß da oben eigentlich von unten sichtbar drei schloßähnliche Bauten als ein breiter, be-herrschender Komplex lagen. Und zwar so, daß Sanssouci selbst die Mitte bildete, und rechts und links davon … die »Gemälde-galerie« und die »Neuen Kammern« lagen. Jetzt können Sie das nicht mehr sehen. Der Park ist dazwischen gewachsen.

*(33) Sanssouci! ... die Vorstellung von einer Plastik, einer wei-
ßen Marmorfigur, die im Grünen steht, über der sich das lockere Dach eines alten Baumes wölbt und die grüngoldig von den
wechselnden Sonnenflecken des leise schwankenden Laubs überspielt und überhuscht ist.*

(34) *Sie sind meist klein, bescheiden, gar nicht aufdringlich,
diese Marmorgötter und Puppen haben keine Siegesallee-Allüren. Aber sie sind mit einem lyrischen Pantheismus in ihre Landschaft hineingewachsen, die durch sie mit hundert Stimmen zu
sprechen, nein, mehr als das, mit hundert Stimmen am hellen
Mittag zu schweigen beginnt.*

(35) *Männer dann, die vorgeben, Helden zu sein und Götter,*
oder zum mindesten Halbgötter, mit breiten Brustkörben und
geschwellten Armen vorgeben, Lanzen und Schwerter zu schwin-
gen und Lauten zu schlagen. Die erfüllt sind von Streben, hohen
Zielen nachjagend.

(36) *Und die doch nur ein Streben und ein Ziel zu kennen schei-*
nen: eben jene weißen, üppig-schlanken Frauenglieder, denen
all ihre Blicke galten, all ihre Kämpfe, all ihre Taten, all ihr
Sang; die Lohn sind, Genuß, Vergessenheit, Inhalt aller Wün-
sche und allen Ringens. Überall blickt das nackte Weiß durch
die Büsche.

(37) ... überall nacktes Weiß nackter Götter. Nackte Frauen, die
entfliehen wollen, nicht entfliehen können, die überrascht zusammenschrecken, und doch freudig nicht erschrecken. Die
schreien, weil sie geraubt werden, und schreiend sich gern rauben lassen.

(38) Aber meist ist das, was bei dem Wort Sanssouci zuerst sich in uns einschaltet, keine bestimmte Figur ... Es ist nur von allen diesen das Zusammenspiel, die unbestimmte Vorstellung.

(39) Ja, und noch eins! Sie müssen sich Sanssouci ganz ohne Wasserkünste vorstellen. Weder die große Fontäne noch die kleineren Wasserspielereien haben je ihre munteren Strahlen in die Luft damals geworfen.

(40) Es war ihr Schicksal, tot und versiegt zu bleiben, bis auf eine halbe Stunde mal, da die Anlage, die durch das Wasserbekken auf dem Ruinenberg gespeist werden sollte, funktionierte.

(41) Die Wasser gingen, trotzdem man Wasserbaukünstler aus aller Welt heranholte und um Rat befragte, einmal und nie wieder. Und erst viele Jahrzehnte später war die Technik soweit, es mühelos lösen zu können.

(42) In meiner Kindheit war ein Schwan etwas Wunderschönes und sehr Geheimnisvolles ... Die Schwäne gehören zu Potsdam, wie die Pfauen zur Pfaueninsel, die Tauben zu Venedig, die Möwen zu Kopenhagen und Amsterdam.

(43) Erst gibt es da ein verlassenes römisches Bad, in dessen Mauernischen so allerhand große schlesische Glasvasen stehen, noch altmodischer fast und plumper und bunter, als der ganze Blumenflor, zu dem sie vorbereiten.

(44) Wenn man die ganze Genialität von Knobelsdorff erkennen will, so muß man nicht nur auf das achten, was er in den Schlössern geschaffen hat, sondern auch auf seine eigentlich zwecklosen Zierarchitekturen, wie solch eine Muschelgrotte … Welch eine künstlerische Grazie und Leichtigkeit, welche Phantasie und welch vornehmes, glückhaftes Mozartlächeln!

(45) *Und endlich die spielerische Grazie des Chinesischen Tee-*
hauses, die östlicher ist, als der ganze ferne Osten und zugleich
rokokohafter, als das ganze 18. Jahrhundert, nur noch Spiel und
Maskerade.

(46) Der Parkteil, wo heute das Chinesische Teehaus steht, war z. B. ehedem der Rehgarten. Die heute uns bezaubernden Park-anlagen waren ehedem niedere, nicht allzu große Gärten im französischen Stil, die in den Wald eingesprengt waren, und in den Wäldern selbst hegte man das Wild für die Jagden der königlichen Nimrode.

(47) *Wenn irgendwo in diesen Gärten – hier haben diese schö-nen beiden Rundtempel von Gontard sich ihre eigene Atmosphä-re geschaffen. Feierlichkeit voll von Laubgrün und Schweigen.*

(48) *Ich habe nie dort oben laut zu sprechen gewagt und bin immer nur ganz leise an die verhangenen Fenster geschlichen, weil ich fürchtete, sowie ich fest auftrat oder laut sprach, könnte dieser ganze Mittagszauber wieder unwirklich werden und in nichts zergehn. … Sie ahnen schon, was ich meine … das Belvedere da oben, am Drachenhäuschen, auf dem Klausenberg, das Unger nach einer Skizze des Königs in die steinerne Wirklichkeit oder richtiger Unwirklichkeit umdichtete …*

(49) Und dann denken Sie an den prunkenden, doch überladenen Riesenbau des »Neuen Palais«, in dem das Rokoko – um es paradox zu sagen – Barock wurde, der Schmuck übergroß, die Plastik manchmal schon etwas leer und summarisch.

(50) Und Sie werden im Augenblick verstehen, daß das Rokoko im Neuen Palais schon eine Kunst geworden ist, die bei aller Schönheit sich nicht mehr weiterentwickeln kann und in sich bald zusammenbrechen muß.

(51) *Der Volksmund hat die drei Genien, die auf dem Neuen Palais die Krone hochhalten, so gedeutet, daß es Maria Theresia, Katharina und die Pompadour wären – in Wirklichkeit sollten sie die Künste und Wissenschaften versinnbildlichen – als zukünftige Trägerinnen der Krone Preußens.*

(52) *Friedrich Wilhelms IV. ... Friedenskirche ist gleichfalls inmitten der friderizianischen Schöpfungen nur eine einsame melancholische Insel, ganz für sich.*

(53) *... aber vieles andere ..., der langweilige, aus dem Park herausgeschlagene Platz unter der Orangerie, mit den noch langweiligeren Balustraden, ist doch irreparabel.*

(54) *Wo immer z. B. Wilhelm II. in Sanssouci auch nur eine Hand rührte, da hat er etwas verpatzt. ... auch wird man für Geigers Koloß von Bogenschützen, der hochstehen müßte, sicher einen anderen Platz finden, als in dem engen, mauerumgebenen Karree der sizilianischen Gärten! ... sie werden nämlich beide um ihre Wirkung hier gebracht ...*

(55) Und dieses Bild ist mir stets wie ein Symbol für die ganze Welt hier gewesen, für diesen Traum, den hier ein einzelner aus seinem Leben zu machen strebte. Und der nun für uns Licht und verblaßt zugleich ist, Wirklichkeit und Schein zugleich ist und von dem wir ein so süßes, dämmriges, in lichten Farben sich zu bestimmten Formen immer wieder neugestaltendes Bild der Erinnerung in uns tragen …

der Burgstraße (Nr. 34), eines in der Friedrichstraße, hinter dem Theater (Nr. 17), eins in der Berliner Straße, zurücktretend und doch breit und ganz den Platz vor dem Berliner Tor beherrschend (Nr. 3a); und das in der Behlertstraße 31 mit dem prächtigen Saal – ist das Langhanssche Theater schon, so sympathisch auch die anderen sein mögen, der bedeutendste und stärkste.

Das Rokokotheater ist noch ganz Mozart. Hier aber will man Griechenland aufleben lassen (Sophokles und Aristophanes blicken als Schutzheilige auf uns herunter von der Front). Hier will und soll man Schicksalsdramen spielen, »Iphigenie« und »Die Braut von Messina«, will zu den Klassikern, zu Goethe und Schiller, gleichwertig den Griechen, das Volk erziehen. Aber der dicke Genießer kannte seine Potsdamer besser, als er an die finstere Stirn die heiteren Worte schreiben ließ: Dem Vergnügen der Einwohner. Denn er wußte, daß man doch nur Iffland und Kotzebue spielen würde, wenn man die Bude voll haben wolle.

Wollen wir schon nach Sanssouci herübergehn? Hier ist eigentlich der kürzeste Weg. Hier stieß die Anlage Friedrichs des Großen auf die alte, breite Allee, die sein Vater schon vorher geschaffen hatte. Aber wir haben ja eigentlich noch nichts von der Stadt gesehen. Sie glauben gar nicht, wieviel und wieviel Gutes es in Potsdam zu sehen gibt. Lichtwark sagt schon: »Ich höre immer, daß unsere Kunstgelehrten überallhin reisen, aber ich habe noch nie von jemand gehört, daß er sich mal acht Tage nach Potsdam gesetzt hätte.« Und da wollen

81

wir hier nicht mal ein paar Stunden bleiben?! Erinnern Sie sich, wie wir vorhin von der Breiten
Brücke den Kanal herunterblickten? Diese wundervollen Baumreihen, rechts und links, die sich
oben mit ihren Wipfeln, nach dem Wasserspiegel
hin, zusammenneigten. Kastanie, Linde, Rüster und
Platane mit ihrer wie von Aussatz zerfressenen Rin-
de. Und wie die Bauten durch das Grün fleckig hin-
durchhuschten, und plötzlich von den Dächern so
ein paar Figuren oben über den Wipfeln in der Luft
schwebten. Nehmen Sie hier aus der Breiten Straße
– in dem kleinen Teil zum Tor da – die Vorgärten
fort. Denken Sie sich den alten Baum, der das Tor
überragt, gefällt, und all das, die ganze Architektur, wird plötzlich beziehungslos werden. Dann das
Treppchen da drüben in dem Bau von Unger (Nr.
10/11), das uns gleichsam einladet, daß wir hinauf-
gehen, das uns nicht nur mit den immer schmaler
werdenden Stufen, sondern auch mit den nach der
Straße hin sich erweiternden Kreisbogen seiner Ro-
kokogeländer – Unger liebt eiserne Gitter, verwen-
det sie mehr als seine andern Potsdamer Kollegen
bei seinen Bauten – das uns auffordert, doch ja
nicht vorbeizugehen, sondern ganz ungeniert her-
aufzukommen … dieses Treppchen wäre so wenig
vollkommen ohne die geschnittenen Buchsbaum-
hecken und Büsche rechts und links, wie – wie, nun
sagen wir, wie das Haus da ganz unten am Kanal (Nr.
4a), wo ich meinen Heinrich Schön spielen ließ,
ohne die beiden Linden neben dem Aufgang, über
der Bank und über dem Rokokogitter. (9)
    Ob es denn da drinnen wirklich so aussieht, je

aussah, wollen Sie wissen? Ich kann es nicht sagen. Ich habe das Haus nie betreten. Es gefiel mir nur, als ich daran vorüberging, und da habe ich meine Puppen darin spielen und leiden lassen. Und die schönen Innenräume, das blaue Zimmer unten, und der Saal im ersten Stock, wo die offizielle Verlobungsfête für Hannchen von Mühlensiefen gegeben wird?! Wenn Sie Potsdam damals schon gekannt hätten, so hätten Sie leicht bemerken können, daß der eine drüben aus dem Stadtschloß geliehen war (irre ich nicht, spricht man auch davon, daß es da einen ähnlichen Raum gibt) und daß die Tapeten des andern, selbst die große Ente mit dem dicken Schnabel, vor der sich Heinrich als Kind immer so gefürchtet hatte, aus dem Schlößchen Paretz stammten. Und für den schönen Garten wäre gar kein Platz hinterm Haus gewesen, denn da war damals noch das von Knobelsdorff erbaute Lazarett, aus dem später ein Kasino gemacht wurde. Ganz recht, warum sollen kranke Soldaten eigentlich auch in Knobelsdorffschen Sälen sterben?

So, nun schauen Sie einmal hier die Straße am Waisenhaus herunter – sie heißt zwar Lindenstraße, aber dieser Teil wenigstens ist ganz mit Rotdorn bepflanzt, der köstlich alt und knorrig geworden ist. Größer und höher, als er sonst bei uns wird. Sie blühn nicht alle gleich rot. Welche sind wie Blut, andere lichter, wie Nelken. Und sie sind jetzt, ein, zwei Wochen lang, eine Köstlichkeit, zu der in Japan man wallfahrten würde, wie zur Kirschblüte. Kennen Sie die Geschichte von dem Japaner, der in Paris lebte? Es war Schnee, erster Schnee gefallen, solcher, der ganz weich auf allem liegenbleibt, jedes Ästchen in Kristall und Silber nacharbeitet. So etwas dauert nur ein paar Stunden, dann taut's weg, oder der Wind weht es herunter. Und der Japaner sagte sich, da werde ich ins Bois gehn: vielleicht bekommt man davon noch etwas zu sehen. Aber es wird natürlich sehr voll sein, denn ganz Paris wird ins Bois strömen. Und der Japaner ging ins Bois und erfreute sich an den beschneiten Bäumen und Büschen, aber er traf keine Seele wegauf, wegab. Endlich kam ganz hinten ein kleines Männchen an, das immerfort stehenblieb und ganz entzückt um sich starrte. Und wie er näher kam, war's auch ein Japaner.

Rotdorn hat also das für sich, daß, wenn er blüht, er ganz Blüte ist. Jeder Zweig, der ganze Baum. Das Grün verschwindet fast völlig. Er ist eine angeglühte Wolke nach Sonnenuntergang, die auf die Erde gefallen ist, und sich auf einen Stamm gesetzt hat. Man wundert sich, weshalb sie sich nicht auflöst. Und eine solche Reihe von blühenden Abendwolken stuft sich hier die helle weite Front des Waisenhauses entlang.

Nichts war früher so komisch und traurig zugleich, wie diese kleinen Burschen, eingeklemmt in Uniformen, diese Miniaturunteroffiziere, die ganz Kind und ganz Militär schon waren, und je kleiner und winziger, desto wichtiger ihre breiten Schuhe klirrend auf holpriges Pflaster setzten. Exerzieren sie da immer noch?!

Die Fassade von Gontard ist prächtig. Vor allem der Mittelbau, der als letzte Bekrönung seine Kuppel in den Himmel hebt, die von acht hohen Säulen frei schwebend getragen wird, hoch, kühn und luftig zugleich, ehe da oben noch die goldige Göttin (für Potsdam müßte man fester in griechischer Mythologie sein, als man es ist) weithin winkend ihren Arm mit einem Lorbeer oder Palmenzweig in die helle Luft hebt. Jene vollbusigen Damen oben, die sich so bequem im Dreieck gelagert haben, verkünden durch Füllhorn und Bücher und Leier, daß man hier dem Frieden dienen will. Es ist ja 1775. Und der König ist alt. Und die römischen Krieger auf den Gesimsen wenden mitleidig den Kopf den Putten zu, die, ihnen zu Füßen, die Ärmchen emporstrecken. Und auch sonst, auf dem Dach selbst, auf den Balustraden, die es abschließen, über Mittelfenstern, überall sind Puttengruppen, wo Schmuckteile an diesem riesigen, vierfrontigen, vierstöckigen Nutzbau überhaupt in Frage kommen. Denn das verstand ja diese Zeit noch. Sie wußte bei großen Bauten zwischen dem Zweckhaften und den Zierteilen zu trennen. Machte große, glatte Fassaden, in denen nur die Gliederung sprach, und akzentuierte die Teile, die es hervorgehoben haben wollte, ganz stark mit reichen, großzügigen Bauformen und Plastiken, so daß man nicht sagte: Zum Donnerwetter, was für ein Riesenkasten! Sondern: Was für ein köstliches Portal! Was für eine stolze Kuppel!

Gewiß ist dieser Bau, vor allem der Mittelteil hier, vor dem wir stehen, das Werk eines großen Architekten, eine der stärksten und einwandfreiesten Leistungen, die in Potsdam in der Spätzeit Friedrichs geschaffen wurden. Aber man kann, wenn man sehr anspruchsvoll sein will – (und woraufhin nehmen wir uns das Recht dazu? Etwa auf unsere heutigen Leistungen?) – immerhin kann man sagen, daß er nichts absolut Neues ist, trotz seiner freischwebenden Kuppel … so etwas, das man nie sah, so etwas, das einen umwirft. Aber kommen Sie hier einmal in das Tor hinein, und Sie werden im Augenblick verstehen, warum wir vorhin noch nicht in die Gärten von Sanssouci hinübergegangen sind. Hier ist diese Treppenhalle mit der Durchfahrt, die innen den ganzen Mittelbau fast einnimmt; und sie ist die kühnste Raumvorstellung, die in Potsdam zur Architektur erstarrte. Erinnern Sie sich, ich sprach Ihnen schon davon vorhin, als ich Ihnen Gontard, den Mannheimer und wohl Franzose seiner Abstammung und seines Namens nach, – d. h., ich vermute es nur, auf einen Streit mit Rassefexen lasse ich es nicht ankommen –, kurz vorstellte; aber so etwas von Kühnheit hatten Sie nicht erwartet, eben, weil es kaum ersinnbar ist. Diese hohen, weißen, von Pilastern gegliederten, nach oben angeschnittenen Kuppeln, die sich übereinander türmen, mit Stichkappen nach den Seiten sich öffnen, höher und höher steigen, in immer neuen und überraschenderen perspektivischen Verkürzungen von Stockwerk zu Stockwerk! Ganz weiß, ganz licht! Man hört ordentlich die Helligkeit darin summen, pointillistisch flirrend. Weiß in Weiß gelöst, wie auf Bildern von Hammershøi. Und dazwischen ziehn sich nun um die Treppengänge, an den Stichkappen entlang, über den Ausschnitten der Rundungen ... bis in die letzte Höhe, die schwarzen, schon empirehaften Eisengitter und niederen Geländer, die nur in ihrer Mitte mal eine reichere Erinnerung an das Linienspiel tragen, das das Rokoko auch einem so spröden Material, wie Eisen, zu geben wußte.

Jede Form ist hier von äußerster Sparsamkeit. Es gibt nur Grade und nur Rundungen, keine gebrochenen Linien. Und doch ist das Ganze mir so phantastisch wie ein Feenschloß. Oder besser, wie ein Saal im Schloß der Schneekönigin bei Andersen, wo der kleine Kay einsam sitzt und aus Eisstücken das Wort »Ewigkeit« zusammensetzen muß. So groß, so weiß, und sich in den Himmel übereinandertürmend, muß der auch gewesen sein.

Aber wir wollen hier nicht allzulange bleiben, sonst denkt man, wir wünschen hier militärische Geheimnisse auszuspionieren. Ich habe mich hier schon einmal vor Jahren, im Krieg, verdächtig gemacht. Kommen Sie hier weiter durch die Spornstraße, und dann gehen wir unter den Bäumen am Kanal entlang, und dann wissen Sie gar nicht mehr, daß Sie in einer norddeutschen Stadt und fünfundzwanzig Kilometer von Berlin entfernt sind, so grün ist es, von Anfang bis zu Ende, die ganzen eindreiviertel Kilometer Wegs. Plantage und Wilhelmplatz, an denen wir vorübergehen werden, waren einmal große morastige Wasserlachen, und das hat sie vor ihrem Schicksal bewahrt, einst bebaut zu werden, und sie sind bis heute schöne, grüne Plätze mit himmelhohen Bäumen geblieben. »Ich habe mir lange Mühe gegeben, ganz nutzlos zu sein«, sagte der alte Eichbaum zum Tischler Stein im Dschuang Dsi. »Und nun habe ich es so weit gebracht, daß mir das von größtem Nutzen ist. Nimm an, ich wäre vorher zu irgend etwas nutze gewesen, hätte ich dann diese Größe erreicht?« Und »diese Schönheit« … setzen die Plantage und der Wilhelmplatz hinzu, die ihre heutige Existenz nur ihrer einstigen Nutzlosigkeit verdanken.

Durch die Spornstraße müssen wir langsam gehen, hier ist das Tempo des Potsdamer Platzes unangebracht. Wie überall, wo keine Zeit mehr besteht, hat man Zeit und nimmt sich Zeit. »Herrlich, wieviel Zeit die Leute hier haben«, das ist das erste, das wir empfinden, wenn wir in eine kleine alte Stadt kommen. »Schrecklich, wieviel Zeit die Leute hier haben«, denken wir, wenn wir acht Tage da sind. Also wozu stürzen?! Schlendern wir mal am Kanal entlang. (8) Da hinten, wo die Plantage zu Ende ist, knickt er. Seine Verlängerung von hier aus wäre die Waisenstraße. Er selbst aber biegt in rechtem Winkel ab, geht durch die ganze Stadt hindurch und kommt da ungefähr schrägüber von dem Bahnhof zur Havel, die ja schon, wie Bellamintes poetisch feststellt, sich im Bogen gelind um die Insel Potsdam ergießt. Dreiundvierzig Meter sind es von hüben zu drüben. Da kann man schon etwas hinbauen auf beiden Seiten, stattliche, hohe Gebäude. Und deshalb hat es auch gleich drüben hinter der Plantage den mächtigen Gontardschen Bau der »Oberrechnungskammer«, dreigeschossig, mit einem säulenbetonten Mittelbau und durch Pilaster gehobene Eckbauten, und ich weiß gar nicht, wieviel Fenster breit. Wieder sind – wie das Gontard liebt – Puttengruppen und Urnen auf der Balustrade, die das niedere Dach kaschieren sollen. Mögen Sie Putten? So kleine nackte Bengels oder Mädelchen, höchstens ein Jahr und fünf Monate alt, schon laufend, aber noch ganz feist und babyhaft. Mögen Sie Putten, die so aus Stein oder Stuck in Gärten, auf Häuserfronten, unter Fensterbrüstungen, auf Balustraden, auf farbigen Kupferstichen und Porzellanen, pausbäckig und dumm und tapsig herumspielen? Immer nackt, daß man meint, sie könnten sich erkälten oder einen Sonnenstich bekommen? Sie spielen mit Symbolen oder treiben irgend etwas, das sie nach ihrem Alter und ihrer Körperkonstitution absolut nicht vermögen. Strengen sich scheinbar an. Erledigen es aber spielend. (24) Mögen Sie sie? Es gibt Leute, die eine Aversion gegen sie haben, sie billig und dumm finden, zu Tode gehetzt (aber solche schematischen Putten, aus Kuchenteig und Leberwürsten zusammengebacken, meine ich nicht, die hasse ich ebenso wie jene). Sonst aber habe ich Putten sehr gern. Ich habe mich sogar dabei ertappt, daß ich sie sammele, von Boucherstechern.* Und vielleicht liebe ich Potsdam nur deshalb, weil es da so viel Putten gibt, vorn von der Fahnentreppe an und von den Reliefs des Plögerschen Gasthofs, Tausende und Tausende, überall, wenn man nur die Augen aufmacht, bis zu denen auf der Rampe vor der Bildergalerie in Sanssouci, die sich miteinander balgen, sich Schleier über den Kopf zu ziehen versuchen, und wo sogar dicke Negerbabys küssen und geküßt werden. (23)

89

Schon Menzel hat an der Balustrade mit den Gruppen seinen Spaß gehabt, und er läßt den Alten Fritzen beschaulich an ihnen vorüberwandeln. Und auch Meister Scheurich, einer der wenigen echten Erben des Rokoko auf Erden, konnte ebensowenig hier vorüberziehen, ohne seinen Stift zu zükken. Schade, daß wir heute etwas von dieser Liebe für den Putto verloren haben, denn sie ist uralt und geht durch die ganze klassische Kunst, die sie zu Verwaltern des Lebens wie des Todes gemacht hatte.

Die reichen Römer aber liehen sich hübsche Kinder, die nackt in ihren Festsälen umherspielen mußten. Und ob nun ein Zille auf die Sandplätze geht und da Proletarierjöhren zeichnet, wie sie Gruppen bilden, oder ob ein alter Römer den gemieteten Kindern vom Ruhelager aus zuschaute … es ist doch zum Schluß ein ganz ähnliches Kunstgefühl dabei. Sie meinen, daß die Oberrechnungskammer etwas nüchtern? … Gewiß, genau wie das Wort »Oberrechnungskammer«. Das Gebäude ist fast konform seinem Inhalt. Aber ich meine, es wäre durch einen besseren Anstrich, der die Bauteile richtig gliedert, zu retten. Endlich ist es als Zweckbau repräsentativ genug, und doch auch nicht allzu arm und strömt schon die Suggestion von Macht und von Staat aus.

Oh, sehen Sie unten die Schwanenmutter, hinter der ihre graubraunen flaumigen Jungen einherpaddeln. Und da weiter unten zieht, fauchend und verärgert, der Ehemann. In meiner Kindheit war ein Schwan etwas Wunderschönes und sehr Geheimnisvolles, und sein Werdegang über das häßliche graue Entlein von Andersen her machte ihn zum Sinnbild des Dichters. Die Schwäne gehören zu Potsdam, wie die Pfauen zur Pfaueninsel, die Tauben zu Venedig, die Möwen zu Kopenhagen und Amsterdam. (42) Schon unser Freund Bellamintes besingt sie. Auf Befehl Friedrich Wilhelms I. wurden sie zuerst geschont und gefüttert. Aber »trotzdem« – so steht in der Chronik – »man schon viele tote Schwäne gefunden hat, hat noch niemand einen sterbenden singen hören«. Und das Wort gilt noch für heute als wahr und tief.

Alle früheren Potsdamer Bautypen aus der vorfriderizianischen Zeit sind hier am Kanal vereint. Das freistehende Haus mit der Einfahrt daneben, das Reihenhaus, das von zwei und drei Achsen, solche mit Freitreppen und Podesten, primitiven Beischlägen usf. Aber als Fassadenlösungen reizt uns doch immer wieder nur das spätere Wohnhaus, und es wird eigentlich am gefälligsten erst zwischen 1770 und 1790. Gehen wir mal einen Schritt hier in die Hoditz- und Ebräerstraße hinein.

Da drüben ist nebenbei eine Tafel am Haus. Dort wurde ein Prinz geboren. Aber trotz Potsdam einer aus Genieland. Er hatte gewiß schon als Junge, wie er hier auf der Straße umherspielte, einen etwas größeren Kopf als seine Genossen (im Vertraun: Er war ein wenig hydrozephal). Es war Helmholtz. Wer war nebenbei Hoditz, nach dem die Straße genannt ist? Sie meinen, vielleicht einer der weniger bekannten Generäle aus dem Siebenjährigen Krieg. Wer kann die alle kennen? Nein, er war einer

der belustigendsten Sonderlinge seiner Zeit, die
daran noch reicher war als das Heute. Er war ein
Graf, der seine ganzen Güter, eins nach dem andern, mit Theaterspielerei und ähnlichem Unfug
verbracht hat. Bei ihm mußte alles mitspielen,
ganze Dörfer kostümierte er und ließ die Burschen
und Mädchen selbstgedichtete, zärtliche Schäferspiele aufführen. Er hieb dann mit dem Krückstock
dazwischen, wenn die Akteure und Aktrizen ihre
Rollen allzu naturalistisch auffaßten. Er gab Friedrich auf seinen schlesischen Gütern große Feste,
bei denen er ihn auf umkränzter Barke auf dem
See seines Parks von antikisch kostümierten Ruder-
knechten umherrudern ließ, während er Laute
spielend, als Apollo, Friedrich besang, und die
schönsten Bauernmädchen, denen er Korkschwän-
ze hatte anbinden lassen, als Najaden den Kahn zu
umschwimmen hatten. Zu den Hoffesten in Berlin
kam er in einem Hausboot angefahren, da er sagte, er vertraue der Göttin Spree mehr, als den preußischen Landstraßen. Als er dann später all seinen
Reichtum vertan hatte, lebte er als alter Hofmann
in Potsdam und himmelte Friedrich in improvisierten Sonetten an, wenn er von ihm eines Gespräches
gewürdigt wurde. Ein Verfahren, das der König, der
es nicht liebte, daß man sich mit seiner Person be-
schäftigte – er saß ja auch keinem Maler und ließ
aus seinen Räumen alles entfernen, was auch nur
eine Anspielung auf ihn enthielt –, äußerst wenig
schätzte. Schade, daß ich nicht mehr von Hoditz
weiß. Ich schätze Narren auf eigene Hand.

Nr. 18 in der Hoditzstraße hat nebenbei eines der

süßesten Portale, das in ganz Potsdam zu finden ist. Ein Türchen, zu dem vier Stufen hochführen, von einer bestrickenden Harmonie des Schmucks wie der Gliederung. Wenn man diese starken Graden sieht, mit der die Treppe und die Türwangen geschnitten sind, den Schlußstein, die Rundung und Kehlung des steinernen Türrahmens, der ganz deutlich »Salve« sagt und »Kommet immer nur herein«, so ist das alles streng und anmutig zugleich, von intimen und doch großen Abmessungen. Ebenso das hölzerne Türchen mit seinen beiden Köpfen und seiner barocken Schwingung der Voluten. Aber oben, im Halbkreis zwischen Holztür und Schlußstein, musiziert, ganz in sich versunken, ein einsames feistes und pausbäckiges Kerlchen von Amorette in einer angedeuteten Landschaft unter dem Schatten eines Miniaturbaumes. Und aus dem Schlußstein, über die Außenwange des Portals fort, kommen Lorbeergehänge rechts und links, ziehen sich zu steinernen Knöpfen herüber, und fallen mit leichten Enden nur ein ganz geringes Stück über die sonst völlig unverzierten Flächen herab. All das ist von einer kaum zu überbietenden Reinheit und Liebenswürdigkeit, und ganz anspruchslos dabei. Beim Barock sagt man sich: »Hier wohnen Fürsten (aber was tun sie in ihren Mußestunden, wenn sie nicht diesen Beruf ausüben, sondern Menschen sein wollen?)« Beim Rokoko sagt man sich: »Hier wohnen reiche Leute, geistreiche Leute, Kunstliebhaber.« Aber beim Louis-seize sagt man: »Hier haben sich vornehme Leute zurückgezogen.«

Den Haustyp oder die Haustypen hier aus der Hoditzstraße finden Sie noch reiner und in geschlossenen, fast unveränderten Reihen nachher in der Französischen Straße. Also auf nach Speyer! Sehen Sie drüben es rotgelb und weiß durch die Bäume schimmern? Es ist der Farbenakkord Hollands. Es ist die Stimmung: Gracht. Aber es ist doch nicht das schmalbrüstige, hochgeschossene Grachtenhaus, das einem von weitem entgegenkommt, wie der Bug eines Indienfahrers; man denkt nicht dabei an Handel, an Kaffee, Tabakskontore und Übersee; nein es ist das Stadt- und Winterhaus von Mynheer, der des Sommers draußen auf seinem Landsitz lebt. Ich sprach Ihnen schon davon; es ist das Haus, das Manger 1756 dem König, der an Holland nach einer Reise Geschmack gefunden hatte, gleichsam als Probestück für den Bau des »Neuen Palais«, hinstellte. Wir wollen noch nicht herangehen. Es ist am wirkungsvollsten, wenn Wasser und Bäume es umrahmen, auch wenn vielleicht dadurch die Monumentalität etwas leidet. Vor allem: der hellen, gekerbten Pilaster, die, eine Linie vom Sockel bis zum Dach, sich heraufziehen, durch alle drei Stockwerke hoch, breit und mächtig, das Gesims und den Giebel tragend. Das Ganze ist nur fünf Fenster breit, von diesen hohen, schmalen, langgezogenen Fenstern, die vom Boden bis zur Decke fast gehen und unten durch ein Eisengitter geschützt sind. Drei Fenster für den kaum vorspringenden Mittelbau, eines auf jeder Seite für die Seitenflügel. Alles dient also dazu, die Höhe zu betonen. Selbst die Vasen und die Figuren – neben dem fast spitzwinklig uns erscheinenden dreieckigen antiken Giebel – müssen diese Wirkung unterstützen. Jede Form an dem Haus ist wuchtig und einheitlich, edel und fast übergroß, von einer Geschlossenheit des Willens, und ohne jede Phrase. Und doch ist das Ganze – wie zum Beispiel es oft bei Empirebauten ist – weder ernst noch feierlich, sondern von einer vornehmen Heiterkeit, die nicht zum mindesten auch dem farbigen Gewand des Hauses zu danken ist.

Wie anders ist hier hinter uns die Ecke Nauener Straße, die alte Post. Ist man drüben heiter, aber sehr reserviert, so ist man hier durchaus liebenswürdig. Unger hat sie erbaut ... ganz am Ende der Regierungszeit, schon in den achtziger Jahren.

Ich habe mir meine geheime Einteilung für diese Louis-seize-Häuser gemacht, ganz äußerlich, nicht nach ihrem Charakter als Haus und Fassade und Aufteilung. Da gibt es solche, die zwei, und solche, die drei Wohnhäuser zu einem Komplex unter einem Dach zusammenfassen, und nur den Mittelbau reicher gestalten, stärker betonen. Es gibt Ecklösungen wie die alte Post eben, oder Charlottenstraße 72 (auch von Unger), die gleichsam wieder zwei Baugruppen zusammenfassen. Und wo man's anpackt, ist es interessant. Noch besser das Beispiel von den drei Fronten am Blücherplatz in der Nähe des Stadtschlosses, die im stumpfen Winkel zueinander stehen, und doch eine Fassade so bilden, oder von einem Standpunkt aus wenigstens bilden können. Alle Lösungen, nach denen wir in unsern armseligen Siedlungsbauten heute mühselig suchen, um ihre Nüchternheit und Enge irgendwie erträglich zu machen, sind hier in den Potsdamer Straßen schon vorweg genommen, und teilweise ideal gelöst.

Aber ich habe, fern von allem Fachlichen, meine eigene Einteilung der Potsdamer Häuser so von 1770 bis 1790 mir gemacht. Ich teile sie mir ein in: die Tuchhäuser; in: die Puttenhäuser; in: die Vasen- und Urnenhäuser; in: die Maskenhäuser; in: die Medaillenhäuser; die Kranzhäuser; die Festonhäuser; in: die Zopfhäuser; in: die Wedgwoodhäuser. Und in die Bastardierungen dieser. Die reinrassigen sind die schönsten. Trotzdem die gekreuzten manchmal mehr überraschen. Meist – das muß gesagt werden! – sind sie durchaus bürgerlich, puppenhaft und lyrisch. Eine zwitschernde Volière all dieser Typen ist die Französische Straße mit ihrem hübschen Schlußpunkt der kleinen und doch groß wirkenden Rotunde der Französischen Kirche.

Da drüben am Neuen Markt 6 sahen wir vorhin eines jener Medaillenhäuser von Unger. Auch oben in der Charlottenstraße gibt es sie. Einstöckig über dem Erdgeschoß, sieben Fenster breit, die sehr hoch und schmal in die Fassade hineingeschnitten sind. Und zwischen Dach und Fenster oben sitzt in der kahlen Fläche immer je eine gut und ziemlich hoch reliefierte Medaille eines antiken Frauenkopfes. Das Ganze ist von solcher Schlichtheit, daß man nicht begreift, welche Kunst ihm seine große Liebenswürdigkeit verlieh. Oder das »Vasenhaus« da drüben (Französische Straße 21). Unten Quaderteilung. Oben glatter Verputz. Der Mittelteil mit dem einstigen Doppeltor (heute eins davon umgebaut) springt zurück. Die oberen Fenster der Außenflügel haben Lorbeergehänge über sich, und auf dem Dachrand der Außenflügel stehen klar und betont sechs ganz kräftige und schöne Louis-seize-Urnen. Sonst ist nichts da. Ein anderes Haus – Charlottenstraße 96/97 – hat bei ganz glatter, in Pilastern aufgeteilter Fassade, als einziges an Schmuck nur auf dem Dachfirst – als Abschluß jedes in Rustika aufgeführten Pilasters – oben je eine jener wunderschönen, starken, girlandenumwundenen geriefelten Urnen. Schätzen Sie Urnen und Vasen, als Schmuck, als Gartenplastik, als Abschlußformen, als Zierde auf Balustraden, Mauern und Dächern, als Ornament, als Bekrönungen, aus denen Girlanden lässig herabfallen, um rechts und links wie müde an den Fensterwangen herabzugleiten ... Vasen in jeder Form, schwere, mit gedrungenen, kurzen Taillen, und solche, die wespenschlank um den Leib werden, andere, die Henkel weit wie die Arme einer Bacchantin emporwerfen ... also Hand auf's Herz: haben Sie Vasen, Urnen usf. auch so gern wie ich? Vasen drücken so viel aus: sie sind so musikalisch. Sie können ernst sein wie verhangene Trommeln, und heiter, wie Querflöten. Sie können Geist und Witz und selbst Pikanterie haben. (26) Und vielleicht ist mit ein unbewußter Grund für meine Vorliebe für Potsdam und für seine Gärten da draußen auch der, weil es da so viele und so hundertfach verschiedene Formen von Vasen gibt. (25) Man könnte aus Potsdam ein reizendes Musterbuch der Vase von 1740 bis 1840 zusammenstellen; und man würde, es durchblätternd, erkennen, wie sich der Geschmack, der Liniensinn und das Liniengefühl, das ja den Ausdruck des Zeitempfindens in sich schließt, von Jahrzehnt zu Jahrzehnt geändert hat. Nehmen Sie nur die Vasen auf den Kolonnaden, und den Abschluß des Lustgartens von Knobelsdorff, die schönen Deckelurnen von der Estrade aus der Humboldtstraße, wie die bei aller Breite der Form doch immer wieder versuchen, sich rokokohaft aufzulösen, durch ungleichmäßig angesetzte Henkel, durch Tücher, durch herausfallende Rosensträuße. Nehmen Sie die anderen auf dem Lazarett da hinten am Kanal, übergroß, eng geschnürt und ganz voll Kraft, sich ausbauchend ... dann die langgezogenen und doch zugleich gedrungenen von den Häusern um 1780. Denken Sie an die von Langhans auf der Mauer am Theater, ernst und breit gezogen ... man erinnert sich an Feuerbecken und Trauermärsche. Und dann endlich die Vase draußen in Sanssouci, das Prunkstück hinter den Sphinxen am Park-Eingang, von Wolff – dem Tier-Wolff –, auf dem sich in Marmor, vielfigurig, irgend etwas vollzieht, das uns gleichgültig ist, und in der der Sockel, Fuß und Oberteil schon keinerlei Beziehungen mehr zueinander haben; als stammte alles aus einem Modellbuch der Berliner Porzellanmanufaktur um 1870 und wäre zweimal ergänzt worden und später falsch zusammengesetzt. Die Form ist eben schon schematisch geworden, wird nicht mehr empfunden. Und doch liegt über ihr noch so etwas wie eine Epigonenvornehmheit, Heysestil. Wenn Sie Vasen wie ich lieben, werden Sie in Potsdam auf Ihre Kosten kommen. Man könnte über die Potsdamer Vase einen ebenso klugen Essay schreiben, wie ihn Simmel über den Henkel schrieb, und man kann an ihr in Potsdam peripatetisch Stilkunde treiben. Und das ist schon seit Sokrates eine gute Methode.

Die alte Post ist so eins der »Putten«häuser, und die Ecke der Charlottenstraße (Nr. 81-82). Die Französische Straße 6 ist ein reizender Bankert zwischen einem Zopf- und einem Puttenhaus (in der Burgstraße gibt es einen noch gefälligeren). Nr. 13 ist ein Kranzhaus. (Man hat auch eins, ein stolzeres, in der Scharrenstraße.) Da, Nr. 14: Wedgwood und Medaillen. Zopfhäuser hat's auch, vorbildlich gelöste, am Kietz. Scheuen Sie den Weg nicht, ein anderes Mal dorthin zu gehen. Es ist solch abseitiger und stimmungsvoller Winkel, laubgrün und träumend, halb Platz, halb Straße. Aber ich kann unmöglich das ganze Verzeichnis der Straßen hier herunterbeten. Nehmen Sie sich einmal Zeit, und sehen Sie Straße für Straße – auch die jenseits der »Grünen« Brücke – Burgstraße, Grünstraße, Kleine und Große Fischerstraße, Scharrenstraße sich ganz gemächlich an, Haus für Haus, achten Sie auf Einzelheiten, gliedern Sie sich die Fassaden mit den Augen durch, und Sie werden hier einen Reichtum, eine Sicherheit des Geschmacks entdecken, von dem Sie vordem kaum ahnten, daß diese scheinbar nüchternen Straßen ihn Ihnen zu bieten vermöchten. Ja, es ist möglich, daß Sie sich hierbei mehr erwärmen werden, als bei den Prunkbauten, weil diese gutgelösten und bescheiden-vornehmen Häuschen von selten mehr als sieben Fenster Breite unserer

Steuerstufe so gerade noch entsprechen, und jedes also ein Stück geheimer Wunscherfüllung ist.

Aber nun meine ich, ist es Zeit, daß wir nach den Parks herüberschlendern, wenn wir da noch etwas sehen wollen. Hier hinaus, zwischen Berliner Tor und Glienicker Brücke, ist Potsdam Militärstadt und Vorstadt und verliert seine feinere Eigenart, hat nur noch einige Bauten, die der Betrachtung wert sind.

Der Bassinplatz hat sicher eingebüßt, seitdem er Platz wurde. Diese Gloriette da war von allen Seiten einst vom Wasser umgeben, solche Art von Teehaus, wie man es in Holland liebt, in den Teichen der großen Besitzungen, um dort angenehme Nachmittage in Kühle zu verbringen. Heute aber steht das Häuschen etwas vereinsamt und beziehungslos da mitten auf dem Platz. Man versteht nicht recht, warum es sich eigentlich hierhin zurückgezogen hat (»retirer« sagt der Franzose, fein und beziehungsreich). Forscher versichern nebenbei, daß das Tabakskollegium hier nie genächtigt hätte, wie Ihnen doch jedes Potsdamer Kind beschwören wird.

Auch das Holländische Viertel, das da von ferne über diese Art von Exerzierplatz herüberleuchtet, und ihn hier auch schon seitlich umfaßt, wirkte sicher einst lustiger, als es sich in der Wasserfläche des Bassins verdoppelte.

Aber zu bestimmten Zeiten habe ich den Platz doch gern, wenn auf ihm Weihnachtsmarkt ist, mit altmodischem Kleinstadtzauber. Dann wird er bunt und voller Stimmung.

Und auf den Wilhelmplatz, an den Kanal, müssen Sie gehen, wenn, irre ich nicht, in Nachmittagsstunden dort Fischmarkt ist, unter den hohen Bäumen, an dem Eisengeländer von Manger. Und da die Fischfrauen in langer Reihe vor ihren Fischtischen sitzen, in denen es quulkst und plätschert. Mit Wachstuchhüten auf und in so richtigen kleinen Holzsitzen, wie altmodische Kinderschlitten. Das ist nicht Zille. Das ist nicht Hosemann. Das ist Doerbeck, 1820, »Berliner Witze und Redensarten«. Genau wie: »Na, Madamken, wat kost'n denn Iklei?« Noch heute sitzt sicher dort eine Enkelin der Fischerin Wulkow, die einst meinem jungen Heinrich Schön schweigend und liebend und ganz mütterlich zugleich das Dasein erhöhte, bevor ihn sein Schicksal auf andere und gefährlichere Wege lockte.

Hier am Bassin stehen noch ein paar schöne Fassaden italienischer Patenschaft, aber sie sind uns im Augenblick nicht so nah mehr, nach den Bürgerhäusern von vorhin, weil uns die Brücke zur Gegenwart fehlt.

Noch vor zwanzig Jahren war die Charlottenstraße, die nun so breit und kahl hier vor uns liegt, eine der reizvollsten Straßen von Potsdam. Jetzt, ohne Baumschmuck, erscheint sie etwas allzu breit für die meist nur zweigeschossigen Häuser. Denn Haushöhe und Straßenbreite sind nicht unabhängig voneinander. Und, wenn man die Bäume aus irgendwelchen Gründen glaubt entfernen zu müssen, so zerstört man eben das ganze Straßenbild, für das die Leute von ehedem ein so außerordentlich sicheres Gefühl hatten. Ein Gefühl, das der Gegenwart in Deutschland trotz aller technischen Hochschulen fast restlos abhanden gekommen ist.

Und dann ist die Charlottenstraße dadurch, daß sie eine Geschäftsstraße wurde, mit Ladenreihen und Spiegelscheiben und Firmenschildern, die sich breitmachen und überwichtig nehmen und keine falsche Scham kennen, doch sehr in ihrer Gesamtwirkung, die sie einst so köstlich machte, beeinträchtigt worden. Man kann die langen Frontreihen heute mit Perlenschnüren vergleichen, in denen manche Perlen schadhaft und krank geworden sind, und andere durch schlechte Nachahmung ersetzt wurden. Aber, wenn wir uns durch die nicht stören lassen, so sehen wir doch bald zu unserer Verwunderung, wieviel echte Perlen noch darunter sind. Von fast all meinen Häuserkategorien, und in reichstem Wechsel. Die besten Dinge sind vielleicht von Unger. Häuser, in denen Putten und Vasen und die Aufteilung der Front in Pilaster eine angenehme Rolle spielen. Ob er auch das Doppelhaus 86/87, in dem ich den Geheimrat von Mühlensiefen seine karge Pension verzehren ließ, ersonnen hat? Das mit den hübschen Balkons, die von den Gruppen spielender Putten flankiert werden, feister und tapsiger Riesenbabys? Chi lo sa – Diese Zeit liebte Balkons noch nicht. Und wenn sie sie ersann, so war es eben kaum, damit Menschen heraufgingen oder gar dort oben sitzen konnten, sondern eben rein als ein Stück der architektonischen Gliederung. (13) Sie dienen höchstens dazu, daß man eine Sekunde heraustreten kann, oder eine Ovation entgegennehmen, oder die Straße herabsehen, die man sonst durch den Spion vom Fensterplatz zu beobachten pflegt. Ist nebenbei dieser Spiegel, genannt »Spion«, schon dem Rokoko bekannt? Meine eingehenden und grundlegenden Forschungen, die ich in dem Eldorado der »Spione«, in Neustrelitz, einst anstellte, haben mir darüber keine Gewißheit gebracht.

Etwas bedauere ich immer an Potsdam – vielleicht beruht das auch auf einer Unkenntnis von mir – aber, frage ich mich, wie kommt es, daß in dieser Stadt, die sich sonst doch so rein erhalten hat, es fast gar keine alten Türen an den Häusern mehr gibt. Man kann kaum in eine süddeutsche oder selbst kleine Harzstadt kommen, wo nicht straßauf, straßab die reizendsten und einwandfreien, geschnitzten und geschweiften, gekehlten, oft reich eingelegten Türen aus dem 18. und dem Beginn des 19. Jahrhunderts sind; und hier ist an den Bürgerhäusern, soweit ich es weiß, so gut wie gar nichts mehr erhalten. Die Tür in der Hoditzstraße zeigte ich Ihnen, dann weiß ich noch eine in der Bäckerstraße, das übrige ist entweder neu und geschmacklos, oder alt und belanglos. Waren sie nie anders, oder sind sie in einem Jahrhundert fast so restlos verschwunden? Wenn's Eichenholz gewesen wäre, hätten sie sich doch erhalten?

Doch noch ein Wort, ich sehe, Sie werden mir ungeduldig, denn von drüben aus der grünen Baumwand, die hinten die weite Welt der Gärten und Parks uns verschließt, duftet es schon lockend zu uns herüber. Ein Wort noch: ist Ihnen eigentlich zum Bewußtsein gekommen, worin doch der letzte

Reiz und die Buntheit dieses Stadtbildes besteht, das dabei wiederum so überraschend einheitlich erscheint?! Nun? – Weil sich hier vier Städte ständig durchdringen. Die Königsstadt. Die Militärstadt. Die Beamten- und Verwaltungsstadt. Und die Bürgerstadt. Und das schafft den ständigen Wechsel des Charakters der Häuser und Baulichkeiten, gibt den Reichtum an großen und kleinen Gebäuden und ermöglicht einen so viel wechselnden Reichtum der Prospekte in wenigen Straßen und auf einem verhältnismäßig geringen Raum, eine Vielheit der Veduten, die außerordentlich ist.

Doch nun beginnt ein anderes Reich, eine private Feerie, und wie weiland Bettina von Arnim könnte ich über den Schlußteil nun die Worte setzen: »Das Buch gehört dem König!«

*

Wenn Sie, der Sie sich mit soviel Langmut und Geduld meiner Führung anvertrauten, nun befürchten, wir werden im gleichen Schneckenschritt weiter wandeln, und gleich ausgiebig bei allem verweilen, so also will ich Sie von vornherein dieser Angst entheben. Ja, Sie werden mir vielleicht sogar den Vorwurf nicht ersparen, daß ich jetzt allzu dilatorisch über die Dinge hinhusche. Doch hat – das versichere ich Ihnen – das eine so gut seinen Grund gehabt, wie das andere ihn haben wird.

Sanssouci, all die Schlösser und Lustbauten (Lusthäuser wäre wiederum etwas anderes!), all die Gärten und Anlagen mit Teppichbeeten, Orangerien, verglasten Weinbergen, mit Teichen und Fontänen, dieses ganze glückliche und köstliche Zusammenspiel von Kunst und Natur, die auch zur Kunst geworden ist, hat man nämlich immer geschätzt und geliebt, und Sie kennen es gewiß ganz gut von früher her. Selbst zu Zeiten liebte man es, da man, aus einer epigonenhaften Überhebung heraus, glaubte, die Kunst des Rokoko als zuchtlos, überladen und spielerisch verachten zu müssen. Sanssouci als Ganzes blieb davon unberührt. Es galt stets durch seine Größe und seine Prachtentfaltung und durch das Andenken an Friedrich den Großen, das hier zur Atmosphäre sich verdichtet hatte, als eines der Weltwunder aus den letzten Jahrhunderten. (31) Und so kommt es, daß Sanssouci in allen Einzelheiten fast so bekannt ist wie Potsdam selbst eigentlich unbekannt ist. Und daß die Literatur über Sanssouci so reich ist wie die über die Stadt Potsdam eigentlich bisher arm blieb. Schon von Friedrichs Zeiten an gibt es eine umfängliche Literatur über Sanssouci, die Sie gut orientieren wird. Und es ist nicht meine Absicht, diese noch zu vermehren, oder die Beschäftigung mit ihr Ihnen abzunehmen. Wenn Sie irgend etwas genauer zu wissen gelüstet, so werden Sie alles aus den sehr gut gearbeiteten Führern in amtlichem Auftrag (Deutscher Kunstverlag) zum Beispiel, sagen wir, über das »Neue Palais« erfahren, allwo es knapp und sicher von Kunstwissenschaftlern und Konservatoren dargestellt ist. Oder, Sie können sich auch – wenn Sie sie auftreiben können! – an der reizenden Biedermeierei alter Führer ergötzen, die von ehemaligen Schloßkastellanen oder Schullehrern in tief-

ster Devotion und höchster Begeisterung einst ab-
gefaßt wurden. Und zudem noch in jenem unnach-
ahmlich-komischen Deutsch, das nur dann erblüht,
wenn der Knote und Spießer poetisch werden will.

»Auf einem sechzig Fuß hohen Berge lagert sich
das berühmte Schloß Sanssouci, bescheiden und
doch anmutig hingegossen. Und die Terrassen, seuf-
zend unter der Last uralter Orangenbäume, laden
uns ein zum Hinaufsteigen von achtundsiebenzig
Stufen. Nachdem wir nun das Innere des Schlosses,
vorzüglich aber das Schlafkabinett der hochseligen
Majestät, durch den wohlwollenden Sinn (sic!) des
zeitigen Kastellans, Herrn Holzbecher, in heiliger
Ruhe in Augenschein genommen haben, betreten
wir nunmehr wiederum das Freie und ergötzen uns
an dem prachtvollen Blumenschmuck, der uns überall gutgeordnet und sinnig entgegenlächelt, und
dessen Reiz sich bis zu der auf der kleinen Blu-
menterrasse wie hingehauchten Veranda steigert.«
Sie glauben, das hätte ich erfunden?! Nein, so etwas kann man nicht erfinden. Und dann, ach Lehmann ist tot! Lange tot! Kannten Sie Lehmann
noch? Er war der Führer und Kastellan in Charlottenhof und hatte es deshalb mit der Antike und
klassischen Bildung. Er war sogar von dem Kronprinzen, dem späteren Kaiser Friedrich III., mit
nach Rom zur Erhärtung seiner Kenntnisse genommen worden. Sehen Sie, ich selbst habe ja nur noch
ganz dämm'rige Vorstellungen von Lehmann, aber
in dem älteren Teil meiner Familie lebt sein hu-
morvolles Andenken noch heute in aller Frische
und mit vielen Details. Sein Nachfolger aber hat

nichts von ihm mehr wissen wollen. Und er hat bei all seinen Erklärungen hinzugesetzt: »Lehmann hat zwar immer anders jesacht, aber es is nich richtich!«

Also es hieß schon ehedem stets nicht: Wir fahren nach Potsdam, sondern: Wir fahren nach Sanssouci. Das klang auch feiner. Man setzte sich am Bahnhof in die Tram und durchquerte die Stadt, machte erst die Augen auf, wenn die ersten Fliederbosketten vor dem Brandenburger Tor sich bemühten, die Peinlichkeiten des dort deponierten Denkmals von weiland Kaiser Friedrich III. vergessen zu machen. Das jedoch fand ich schon immer ungerechtfertigt, und finde es heute mehr als je. Und ich will Ihnen möglichst kurz auseinandersetzen, weshalb. Sanssouci – als Komplex, diese ganze Welt für sich von Gärten, Zierbauten und Schlössern – ist eine singuläre Angelegenheit, die einmal entstehen konnte, aber nie wieder entstehen wird. Das »Schloß« hat keine Zukunftsaufgaben mehr zu lösen. Und der Zierpark in dieser Form auch nicht. Man mag das bedauern, aber die großen Bauten wie die großen gärtnerischen Anlagen, werden in der folgenden Zeit in der ganzen Welt … nicht allein in Deutschland! … anders geartet sein müssen: Volksgärten, Sportgärten, Lungen der Großstadt. Nur sehr wenig von dem Einstigen, das sich so herrlich und unbekümmert hier in Sanssouci – das Wort immer als Sammelbegriff! – auskristallisierte, werden wir in die Zukunft hinübernehmen können. Nicht, weil es unschön ist. Es ist erlesen. Nicht, weil es unpraktisch ist. Es ist aus reicher Erfahrung und ausgeklügelt. Sondern einfach, weil niemand in der

Welt mehr das Recht hat, und es sich zu nehmen wagt, für seine Person einen solchen Traum, eine solche Phantasmagorie von Schönheit und Auserwähltheit in die Wirklichkeit umzusetzen, als Ausdruck seines Wesens und seiner Machtvollkommenheit. Kein Morgan und Vanderbilt der Alten oder Neuen Welt wird es mehr tun. Alles, was jene heute sich schaffen, ist kleinbürgerlich dagegen. Und wo etwa heute oder vorgestern ein Monarch versuchte, ein Gleiches zu tun, da kam Schreckliches dabei zustande. Wo immer z. B. Wilhelm II. in Sanssouci auch nur eine Hand rührte, da hat er etwas verpatzt. Manches, wie die Aufstellung des zuckerfarbenen Marmorblocks des sterbenden Friedrich in einem Innenraum, wird sich beseitigen lassen; auch wird man für Geigers Koloß von Bogenschützen, der hochstehen müßte, sicher einen anderen Platz finden, als in dem engen, mauerumgebenen Karree der sizilianischen Gärten! ... sie werden nämlich beide um ihre Wirkung hier gebracht; (54) ... aber vieles andere, wie die Glienicker Brücke, die Lange Brücke, und der langweilige, aus dem Park herausgeschlagene Platz unter der Orangerie, mit den noch langweiligeren Balustraden, ist doch irreparabel. (53) Und auch was die Gärtner unter ihm verbrachen, indem sie zum Beispiel Rhododendren als Unterholz anpflanzten, die mit ihren lackigen und reflektierenden Blättern durchaus nicht in das Ensemble des Parks passen, der auf Laubgrün, Rasenflächen, auf Taxus und Buchs, auf Flieder und Rose, auf Hainbuchengänge und Durchblicke durch alte Linden-, Buchen- und Kastanienalleen, auf farbige Baumgruppen von Laub und Koniferen gestimmt war … was sie damit verbrochen haben, einer persönlichen Vorliebe des Monarchen, gegen die ja nichts zu sagen war … (nur daß sie eben hier jede Stimmung zerriß!) … folgend … das wird doch auch nicht von heute auf morgen gutzumachen sein. Es sei denn, daß die Pflanzen selbst ein Einsehen haben und eingehen, da man sie meist nicht frei, wie sie es als Alpenpflanzen verlangen, sondern in den Schatten gepflanzt hat.

Die wirklich großen Aufgaben der Zukunft sind also nicht mehr Schlösser, sondern Gemeinschaftsbauten. Es sind Bahnhöfe, Warenhäuser, Wolkenkratzer, Gerichte, Verwaltungsgebäude, Krankenhäuser, Volkshallen, Hotels, Theater und so fort. Eben all die Bauten, die für die Massen bestimmt sind. Ebenso, wie die »neuen« Gärten Volksgärten sind: mit Sportplätzen, mit Waldteilen, mit Autostraßen und Schwimmbassins. Und was für beides Sanssouci uns lehren kann, ist sehr wenig.

Potsdam in seinem Stadtbild, in seinen Platzlösungen, in seinen Haustypen von einfacher Liebenswürdigkeit, mit seinem ganzen, fast unerschöpflichen Reichtum an Lösungen des Bürgerhauses, ist hingegen voll von Anregungen für unsere Zukunftsaufgaben des Städtebaues. Und es ist fast ganz unbekannt und bislang fast völlig unausgeschöpft. Und so will es mir erscheinen, als ob die Stadt Potsdam, die immer als tot galt, eigentlich für die Gegenwart lebendiger ist, als die Wunder- und Zauberhöhlen, die sich uns gleich in Sanssouci auftun werden.

Aber bitte, werfen Sie mir nun nicht vor, als ob ich die Stadt und Sanssouci miteinander verglichen hätte und nun die Stadt künstlerisch etwa höher stellte. Oder, daß ich einem öden Materialismus das Wort rede, der einen Wolkenkratzer einem Rokokoschloß vorzieht, einen Sportplatz den sizilianischen Gärten. Oder, daß ich etwa – wie das heute bei uns in Deutschland schon die Regel ist – Kunst und Politik miteinander verwechsele. Das heißt die Kunst bespucke, die mir politisch nicht in den Kram paßt. Lieber Freund, ich bin nicht amusisch genug, um zu verkennen, wo die feineren Gefühlswerte liegen. Aber ich bin auch nicht sentimental genug, um eben die wieder von der Gegenwart zu fordern, oder sie der Zukunft von neuem als Ziel hinzustellen. Da drüben vor uns liegt eine herrliche, jedoch abgeschlossene Welt; und gerade darum, weil sie so unwiederbringlich-herrlich in der Geschlossenheit ihrer Kultur und ihrer persönlich betonten Kunst war, achte, liebe und verehre ich sie so. (28) Und gerade deshalb fordere ich, daß sie uns als eine Insel in einer immer zweckhafter werdenden Gegenwart erhalten bleiben soll, unberührt bis in den kleinsten Stein, den letzten Schimmer seiner Silberbrokate auf den Sesseln und an den Wänden und den letzten altmodischen Schnörkel seine Teppichbeete unter den grünen Kübeln seiner Orangenbäume.

Sie müssen sich natürlich nicht vorstellen, daß das Sanssouci, wie Sie es heute sehen, ganz das Friedrichs des Großen ist. Ein Teil war Wald, alter Wildgarten, der »Rehgarten«. Die Hügel hinten,

Ruinenberg, Klausenberg, der alte Weinberg, die
Vigne, auf der sich das Schloß erhebt, waren fast
kahl. Die Gärten unterhalb Sanssoucis – jetzt meine ich das Schloß selbst – waren noch niedere Gärten mit Hecken und Blumenrabatten in französi-
schem Stil und nicht, wie heute, ein im großen und
ganzen englischer Park. Die Gegend nach Charlottenhof waren Wiesen und Büsche, einzelne Laub-
inseln darin, wohl auch noch mit Bauerngütern
durchsetzt im weiten Grün der Havelniederung. Sie
gehörten noch nicht der Krone und sind erst um
1820 von ihr erworben worden. Die Stadt Potsdam
also und das Wasserbild der Havel waren noch nicht,
wie heute durch den Park, von Sanssouci getrennt.
Es lag zwar etwas abseits, aber sie gehörten zusammen. Und die Schlösser beherrschten das Stadtbild
wie das Wasserbild. Heute, da riesige trennende
Baumwände dazwischen aufgewachsen sind, scheinen sie weit von beiden abgerückt zu sein. Es gibt
alte Bilder und Stiche, auf denen Sanssouci, und
auch das heute in Bäumen ganz vergrabene »Neue
Palais«, völlig frei liegen, weithin die Landschaft beherrschend.

Und dann müssen Sie auch das Bild der Anlagen
und der Schlösser, ähnlich wie ich Ihnen das schon
vorn beim Stadtschloß andeutete, viel farbenrei-
cher, als es heute ist, vorstellen. Vor allem sprach
weit mehr Gold im Bilde mit, aus ganzen Reihen
vergoldeter Statuen hinten bei den Neuen Kammern, und von einer großen Neptunsgruppe, die
im Rund der Fontäne den starken Mittelakzent für
das Ganze bildete. Auch das Neue Palais, das heute

noch am farbigsten mit seinem Wechsel von Zie-
gelrot und Ockertönen ist, war noch gehoben
durch reiche Vergoldungen an Dach und Kuppel.
Vielleicht am echtesten ist noch der Stil des Chinesischen Teehauses geblieben; und etwa in dieser Art
müßten Sie sich die Wirkung der Baulichkeiten um-
denken.

Und wenn Sie an den gärtnerischen Teil vor der
Bildgalerie denken, nur reicher und vielfach vergrößert, so haben Sie ungefähr einen Begriff, wie
es einst im ganzen war. Und wenn auch schon die
Summe der großen Durchblicke (nicht alle!) geschaffen war – so der vom Obelisken am Eingang
bis zum Neuen Palais, und wieder vom Neuen Palais weiter als eine schnurgerade Durchforstung
durch die Wälder, so ist doch das heutige Gesicht
des Parkes weit mehr aus der Zeit Friedrich Wilhelms IV., als aus der Friedrichs des Großen. Nur
einiges am Eingang beim Obelisken, der Teil vor
der Bildergalerie, die Terrassen selbst und manches
beim Neuen Palais (wie die Reste des kleinen Na-
turtheaters!), verraten ihn noch, sind noch ein-
wandfreie Zeugen seiner Gartenkunst. Und dann
eben die vielen Gartenplastiken und Bildwerke. Es
sind zwar bei weitem nicht alle mehr erhalten. Es
stehen auch nicht alle mehr am gleichen Platz.
Neue und nicht immer glückliche sind zwischen ihnen aufgestellt worden. Zu Zeiten Friedrich Wilhelms IV. so gut wie unter dem letzten Kaiser, der
sogar Doubletten aus der Siegesallee für würdig genug erachtete, hier marmorne Geschichtsstunden
zu geben. Das einzige nebenbei, was Friedrich der

Große perhorreszierte, der es nicht duldete, daß irgendwo, noch so bescheiden und versteckt, in seinen Räumen und in seinen Gärten ein Abbild oder Standbild von ihm angebracht wurde. Außerdem hatte ja schon Friedrich Wilhelm IV. es sich nicht nehmen lassen, eine verkleinerte und unglückliche Kopie des Reiterdenkmals von Rauch vor die große Fontäne zu stellen, allwo es auch nicht günstig steht. Also – wozu noch Uphues?!*

Ja, und noch eins! Sie müssen sich Sanssouci ganz ohne Wasserkünste vorstellen. Weder die große Fontäne noch die kleineren Wasserspielereien haben je ihre munteren Strahlen in die Luft damals geworfen. (39) Es war ihr Schicksal, tot und versiegt zu bleiben, bis auf eine halbe Stunde mal, da die Anlage, die durch das Wasserbecken auf dem Ruinenberg gespeist werden sollte, funktionierte. (40) Die Wasser gingen, trotzdem man Wasserbaukünstler aus aller Welt heranholte und um Rat befragte, einmal und nie wieder. Und erst viele Jahrzehnte später war die Technik soweit, es mühelos lösen zu können. (41)

Friedrich aber hat es reichlich verärgert, daß in seinen Anlagen das heitere Element des Wassers, bis auf einen anmutig sich schlängelnden und zu kleinen Teichen sich ausbuchtenden Graben, dessen Linienfluß man künstlich nachhalf, so ganz fehlte. Denn auf seinen Lieblingsbildern von Watteau und Lancret und Pater gehörten doch Fontänen und sprudelnde Wasserkünste in all den fêtes galantes notwendig mit zum Hintergrund; sangen, rieselten, plätscherten gleichsam die Begleitung.

Aber trotz dieser vielen Veränderungen im Laufe von über hundertachtzig Jahren, scheint uns alles wie einst geblieben. Wie stark muß also die Macht des Ehemals gewesen sein! Etwas vermißt z. B. niemand, daß da oben eigentlich, von unten sichtbar, drei schloßähnliche Bauten, als ein breiter, beherrschender Komplex lagen. Und zwar so, daß Sanssouci selbst die Mitte bildete, und rechts und links davon, so daß die Sockelhöhe von Sanssouci selbst die Dachhöhe der andern beiden war, langhin gestreckt die »Gemäldegalerie« und die »Neuen Kammern« lagen. Jetzt können Sie das nicht mehr sehen. Der Park ist dazwischen gewachsen. (32) Aber einst konnte man es von hier aus sehen in seiner Dreiteilung. Und sicher da oben, von diesem runden Sälchen aus, und wenn man auf die Freitreppe hinaustrat, die in den Garten hinabführt, noch besser. Wissen Sie, wer in diesem Schlößchen, das da die direkte Sicht auf die Terrassen und das Junggesellenheim des alten Königs hat, einst wohnte? Und für wen Friedrich II. es hatte erbauen lassen? Nein? Für Nachbar Ameise. »Wenn ich eine Flotte mein Eigen nennen würde, so würde ich kommen und Sie holen«, schrieb er ihm nach England, »so aber kann ich nur die Hand der Freundschaft ausstrecken, um sie herüberzuziehn.« Der alte schottische Lord Keith, der Bruder des Generals, der vor Prag (es kann auch anderswo gewesen sein, z. B. bei Hochkirch) fiel, hauste dort mit einem Neger, einem Tibetaner, einem Türken und einer schönen türkischen Pflegetochter, Emmetah Uellah, genannt kürzer: Emine. Daß er als Fünfundachtzigjähriger beabsichtigte, seine schöne Pflegetochter zu heiraten, hat die Geschichte längst als eine gemeine Lüge entlarvt. Deshalb habe ich auch ein Theaterstück daraus gemacht. Von allen Schönheiten, die das Häuschen innen einst barg, ist nur noch eine Treppe und ein Marmorkamin in dem runden Raum da unten vorhanden, aber einst war es ein Bijou mit Seidentapeten und Chinoiserien und englischen Möbeln und Sammlungen von allerhand Köstlichkeiten, Uhren, Dosen, Stöcken und Büchern. Woher ich das weiß? Es gibt ganz genaue Beschreibungen von dem Marschallhaus, und die habe ich nach allen Richtungen ausgestohlen, als ich den »Nachbar Ameise« schrieb, eben jenes Rokokostückchen, in dem Friedrich leibhaftig auf die Bühne kam. Es war eine der letzten Konzessionen, die die Krone an das Volk machte, daß auch Friedrich in diesem Stück leibhaftig und mit längeren Reden auf der Bühne erscheinen durfte. Vorher durfte man ihn auf dem Theater im besten Falle nur in der Ferne Flöte spielen hören. Seitdem ist er bis zum Film heruntergekommen. Da Friedrich jedoch viele kluge Sentenzen in seinem langen Philosophendasein, das er vergeblich mit seinem Königsdasein in Einklang zu bringen versuchte (nebenbei eine der Hauptquellen seiner menschlichen Tragödie!), mündlich und schriftlich hinterlassen hat und zudem geäußert hatte, daß er sich freue, wenn er einem armen Schriftsteller Geld einbringe, so pflückte ich reichlich mir Blumen aus dem Spruchkranz seiner pazifistischen oder melancholischen Altersweisheit. Aber ich war doch gewissenhaft genug, mich von vornherein zu dieser Anleihe zu bekennen. Nur hatte ich wohl verabsäumt, sie durch Kreuzchen im Text bemerkbar zu machen. Und so kam es, daß z. B. der Lokalanzeiger eine ganze Auslese dieser Weisheiten und Aussprüche des Großen Friedrich brachte, von denen zwei Drittel von mir stammten. Heute, wo man sich dort inzwischen mit den Werken Friedrichs vertrauter gemacht hat, würde das dem Blatt sicher nicht mehr passieren.

Aber setzen wir uns einmal einen Augenblick hier auf die Bank, die eben jene entzückende Geheimratswitwe verlassen hat; sie werden hier in Reinkultur gezüchtet in Potsdam, sie verändern sich nicht, vor fünfundvierzig Jahren sahen sie genau aus wie heute, sie haben alle Eigenschaften ihrer verblichenen Ehegatten in potenzierter und teilweise unerträglicher Form, und ich möchte mein Urteil über sie in folgende Worte zusammenfassen: daß ich sie nicht ausstehen kann, aber gern habe, und bedauern würde, wenn sie je aus der Welt ganz verschwinden müßten. So, wie ein Naturforscher ob der Ausrottung der Dronte und der bevorstehenden des Kiwi, oder Schnepfenstraußes, noch heute fast zu Tränen gerührt wird ... Also dort wollen wir uns einen Augenblick hinsetzen. Dieser Blick ist – wie ich in dem »Nachbar Ameise« schon apodiktisch verkündete – der schönste der Welt. Da haben Sie ein Stück alten Lindenweges, die Gärtnerhäuser, dahinter die Sphinxen mit den Reiherfedern in den Puderperücken, die Wolffsche große Vase, die herrlichen, sich wie zwei Türflügel öffnenden Baumkulissen. Dahinter peitscht aus dem Rund der Fontäne der Wasserstrahl in die Luft empor, die grünen Laubfontänen noch übersteigend und über den Rand der Terrassen ... über den Stufen der Treppen, die von den Silhouetten der herauf- und herabschreitenden Menschen betupft sind... schaun rot und gelb und kupfergrünlich überspielt, die Kuppel und ein Teil der Seitenflügel des Schlosses zu uns her. Es ist – wir sprachen schon davon – etwas zurückgetreten vom Rand, wie einer, der zwar sehen will, aber nicht gesehen werden. Und darüber treibt noch das weite, lichte, windklare Spiel eines von wenigen weißen Wolken gezeichneten Himmels.

Sie meinen, daß doch der Duft von Potsdam, und die Stimmung von Sanssouci und seinen Gärten eine andere geworden und verflogen sei vor der neuen Zeit. Ich kann das Ihnen eigentlich nicht bestätigen. Ich erinnere mich an vier Epochen von Potsdam deutlich genug. An jene vor dem Kriege. An jene im Kriege. An jene in dem ersten Frühling nach der Revolution. Und dagegen an einen Besuch in Sanssouci in diesem Jahr. Und Sie werden selbst entscheiden, ob das Bild von heute mehr dem von einst hier oder dem Potsdam der Revolutionszeit gleicht. »In der Stadt fehlt die ungenierte Selbstverständlichkeit des Militärs«, schrieb ich damals. »Die Bäckerjungen rauchen englische Opiumzigaretten, lesen die ›Freiheit‹ und spucken nach den ehedem preußischen Hofschwänen im Kanal. Alles sieht mit einem Schlage unfroh, ungewiß und veraltet aus. Eine Generalswitwe, deren Mann ebensogut im Siebenjährigen Krieg wie 1870 oder 1914 geblieben sein kann – aber das letzte ist kaum anzunehmen – huscht, Brotkarten in den gestopften Zwirnhandschuhen, gebückt und scheu wie eine Fledermaus, durch die Straßen. Vom ganzen Krieg sind nur noch an Uniformen ein paar Dutzend Lazarettsoldaten übriggeblieben, die auf den Bänken im Park sich sonnen. Der Flieder blüht zwar wie stets, aber nur noch aus alter Gewohnheit. Ein Gärtner und eine Heckenschere scheinen sich seit Jahren nicht mehr um ihn gekümmert zu haben. Keine Hofequipage kommt lautlos auf Gummirädern mehr angerollt. Man hat auch nicht mehr das beängstigende Gefühl, es würde gleich eine um die Ecke biegen, aus der ein Offizier oder eine kühle, lächelnde Dame mit strenger Liebenswürdigkeit herausnickt. Jemand geht über den Rasen. Niemand wagt erfrischend zu brüllen. Oben auf der Rampe von Sanssouci fehlen meine schönen, alten chinesischen Porzellanhocker. Sind sie gestohlen, requiriert, oder nur gerettet? Im zertretenen Rasen liegen die abgerissenen schwarzroten Papiere der Filmrollen, und eine Schar von johlenden Wandervögeln sitzt auf der Böschung und läßt die Beine herunterbaumeln. Andere kochen unter Gitarrenbegleitung ab. Der Alte Fritz guckt ihnen vom Voltairezimmer aus direkt in den Aluminiumtopf.« Sehen Sie sich um und antworten Sie mir dann, ob Sie auch nur einen Hauch von jenen Tagen hier verspüren oder ob nicht alles wieder ist wie einst. Vielleicht sogar bis auf die kühle Dame, die aus der Hofequipage nickt.

Ach, wozu eigentlich weitergehen? Plaudern wir

noch ein wenig. Gibt's denn einen besseren Platz in der Welt als diese Bank? Der alte Turgenjew hatte ganz recht: wenn man wo sitzt, und man sitzt gut da, soll man nie aufstehen, denn man weiß nicht, ob man es noch einmal so gut in der Welt haben wird! ... Sie waren schon oftmals in Sanssouci? Kennen so, wenigstens oberflächlich, das Wichtigste, was es hier zu sehen gibt; die vier Schlösser, Sanssouci, Neues Palais, Charlottenhof, Marmorpalais im Neuen Garten? Kennen das Chinesische Teehaus, den Antikentempel, den Freundschaftstempel, die Römischen Bäder, den Drachenberg, die Orangerie? Sie sind auch auf den Pfingstberg und den Ruinenberg gestiegen. Meist waren Sie aber in den Gärten, oder in der Gemäldegalerie, die Sie lieben ihrer marmorkühlen und lichten Weite des Raumes willen. Also: wir wollen mal ein Experiment miteinander machen. Ich sage Ihnen ein Wort. Und Sie antworten mir; was taucht dabei zuerst in Ihnen auf? Welche Gedankenverbindungen kommen Ihnen? Und welcher Bilder erinnern Sie sich? Und warum gerade dieser?

»Sanssouci«!

Was sehen Sie zuerst, am stärksten sich vor andere Vorstellungen schiebend? Dachten Sie an Verse von Liliencron, von Geibel, von ...? An bestimmte Räume, an bestimmte Bauten? An Wege? Den Durchblick vom Obelisken bis zum Neuen Palais? Nein? An Naturstimmungen? Herbstfärbungen mit herabschneiendem, welkem Laub? An Frühling mit Veilchen und dem ersten Anflug von Grün über Büschen, unter denen sich wie silberne Tücher die Rasen der weißen Anemonen und, wie eingewebte Goldmuster darin, die wenigen Flecken der gelben Anemonen ausbreiten? Denken Sie ... an ... an ... An den Roßschweif der fallenden Fontäne, der metallisch und gewellt ist, wie der Schweif eines van Dyckschen Pferdes, das stets weit mutiger als sein etwas verzärtelter, blaublütiger Herr erscheint?

All das, meinen Sie, war nicht die erste Vorstellung bei dem Wort »Sanssouci«? Es war auch kein Bild, weder eins von Menzel, die Tafelrunde, das Flötenkonzert, eine Zeichnung aus dem »Kugler«? Die, in der Friedrich auf der Terrasse der Gemäldegalerie an der Balustrade entlangschreitet, oder jene, wo er durch den langen lichten Raum geht – über die Marmorfliesen der Galerie dahin, unter der viele, viele Meter langen Golddecke –, winzig klein im Raum, umsprungen von seinen Windspielen? Oder jenes, wo er, schon überaltert, fröstelnd im Lehnstuhl sitzt, wieder winzig und eingeschrumpft, zwischen den überhohen Säulen der Kolonnaden seines Ehrenhofes, dessen Auffahrt nun wieder Rasen wurde, weil Napoleon hier herauffuhr, dessen wunderzierliches Eisentor ewig verschlossen bleibt, weil es einst für Napoleon geöffnet wurde?

Sie schütteln. Keinen Lancret und Watteau? Auch nicht der schöne große de Troy in Sanssouci, den mit der Dame in dem blauen geblümten Reifrock, die im Hofknix sich verneigt? Nein? Nun aber will ich Ihnen genau sagen, was dieser Klang in Ihnen auslöst: die Vorstellung von einer Plastik, einer weißen Marmorfigur, die im Grünen steht, über der sich das lockere Dach eines alten Baumes wölbt und die grüngoldig von den wechselnden Sonnenflecken des leise schwankenden Laubs überspielt und überhuscht ist. (33) Sehen Sie, das war es! Oder es ist – wie bei mir – eine liegende Sandsteinfigur, vermoost und ganz weich geworden im Laufe der Jahrhunderte. Und die nun von einem geheimen Leben durchpulst wird, dort, wo die Sonnenflecken über die Üppigkeit ihres schönen Frauenrückens und ihrer Lenden spielen. Aber meist ist das, was bei dem Wort Sanssouci zuerst sich in uns einschaltet, keine bestimmte Figur, keine der vielen Gruppen von Adam, von Michel, von Pappenhoven oder von einem andern. Es ist nur von allen diesen das Zusammenspiel, die unbestimmte Vorstellung. (38) Sie können nicht einmal sagen, ob es ein Männer- oder ein Frauenkörper ist, Held, Gottheit oder Nymphe.

Und gerade hier denken wir daran! Vorn im Lustgarten gibt es ja auch einige sehr gute Figuren. Aber man achtet ihrer nicht recht. Ahnen Sie weshalb? Ich glaube nur, weil sie nicht völlig im Grünen stehen, keinen Rasen unter sich haben, weil der große sandige Exerzierplatz in nächster Nähe ist. Man hat das Gefühl, sie haben sich nur hierhin verirrt, und sie frieren auf ihren Sockeln, sommers und winters. Sie sind nicht mit ihrer Umgebung wie all ihre Genossen und Genossinnen drüben im Park von Sanssouci verwachsen, soviel davon ich auch an mir vorüberziehen lasse. Denn diese sind ja die eigentliche Seele dort, so wundervoll organisch mit der Natur ringsum verbunden; ganz gleich, ob sie von hoher Kunst oder mehr handwerklich sind. Das heißt: auch jene haben ein je ne sais quoi, das in der Zeit lag und unnachahmlich ist. Sie sind meist klein, bescheiden, gar nicht aufdringlich, diese Marmorgötter und Puppen haben keine Siegesallee-Allüren. Aber sie sind mit einem lyrischen Pantheismus in ihre Landschaft hineingewachsen, die durch sie mit hundert Stimmen zu sprechen, nein, mehr als das, mit hundert Stimmen am hellen Mittag zu schweigen beginnt. (34)

Kennen Sie so die Mittagsstimmung an den ersten heißen Tagen in Sanssouci hier? Kaum ein Mensch weit und breit. Nur Laub und alle Buntheit und alles Blühen. Und das nackte Weiß der Statuen und Gruppen und Vasen durch die Büsche – allenthalben durch Taxuswände und beschnittene Buchengänge lüstern versteckt, im Grün verschleiert, von der Sonne beglüht, vom Schatten gekühlt – überall nacktes Weiß nackter Götter. Nackte Frauen, die entfliehen wollen, nicht entfliehen können, die überrascht zusammenschrecken, und doch freudig nicht erschrecken. Die schreien, weil sie geraubt werden, und schreiend sich gern rauben lassen. (37) Männer dann, die vorgeben, Helden zu sein und Götter, oder zum mindesten Halbgötter, mit breiten Brustkörben und geschwellten Armen vorgeben, Lanzen und Schwerter zu schwingen und Lauten zu schlagen. Die erfüllt sind von Streben, hohen Zielen nachjagend. (35) Und die doch nur ein Streben und ein Ziel zu kennen scheinen: eben jene weißen, üppig-schlanken Frauenglieder, denen alle ihre Blicke gelten, all ihre Kämpfe, all ihre Taten, all ihr Sang; die Lohn sind, Genuß, Vergessenheit, Inhalt aller Wünsche und allen Ringens. Überall blickt das nackte Weiß durch die Büsche. (36)

Und dann gibt es andere, dort schauern vergrünte Sandsteinfiguren unter hängenden Weiden. Es sind keine kühlen Marmorschönen, sondern die alten rauhen Steine sind wirklich, wie von Leben durchrieselt, weich, lässig und schwellend und schlafend in der Sonne. Nymphen sind es, die sich vor der Mittagsglut in den Schatten geflüchtet haben, und an denen man nur leise vorübergeht, als ob man fürchten könnte, daß sie jeden Augenblick erschrocken aufspringen, um wieder in das Grün der Büsche zu verschwinden, denen sie entstiegen sind. Hoch oben in der Muschelgrotte in einer offenen Nische lagert, mit dem Grün hoher Pappeln dahinter, eine weiße Göttin. Und man glaubt dann manchmal mittags wirklich an eine Dryade, die wieder in ihre Bäume zurückflüchten wird, wenn wir unbedacht oder mutwillig sie aufstören.

Diese Worte scheinen Ihnen irgendwie bekannt? Nun ja, zu Zeiten Heinrich Schöns, also um 1845, hat es hier auch nicht allzuviel anders ausgesehen als heute.

Und welche Bilder tauchen in Ihnen empor, wenn Sie einmal nicht an die Gartenplastik, sondern an die Gärten selbst denken? Und in das Gewand welcher Jahreszeit haben Sie sie gekleidet? Früher, um 1895, glaube ich, liebte man die Melancholie dieser Gärten in den herbstlichen Farben der Vergänglichkeit. Auf dem zitternden Rund der großen Fontäne mußten über die leicht gekräuselte Fläche hin gelbe Blätter treiben, und in den Wegrändern der langen Alleen mußten sie braungoldene Schaumkanten ziehen, die unter unseren Schritten emporstäuben. Alles mußte in Makarttönen sagen: Es war einmal! Ich denke, das kam auch von Malern, die man liebte, und die heute fast vergessen sind, wie Freiherr von Schennis. Unsere Voreltern aber fuhren nach Sanssouci, wenn der Flieder blühte. Und nach Charlottenhof, wenn die Rosen blühten. Einige besonders Raffinierte gingen auch zwischendurch zu den Maiblumenfeldern vor dem Schinkelschlößchen, und im Sommer zu den Orangenkübeln auf der Terrasse der Orangerie. Sie wußten genau, wann sie ins Freie kamen, ihr Glashaus verlassen durften.

Aber ich eigentlich, wenn ich an die Gärten denke, stelle mir dabei keine dieser Jahreszeiten vor. Ich habe vor allem das Bild in den Pastellfarben des ersten Frühlings vor mir. Und dann wieder in ganz späten Augusttagen, und Anfang September; noch bevor das Laub sich zu färben beginnt. Wenn der Sommer vorbei ist und der Herbst noch nicht begonnen hat. Und welche Stellen der Gärten haben sich Ihnen eingeprägt? Verblassen nicht auch die Laubszenerie, die kühnen Baumkulissen der großen Fontäne über dem vielen kalten Marmor seiner Sitzbänke? Ich habe meine Bezeichnung für solche Bank; aber dezent wie ich bin, verrate ich sie nicht. Und ebenso dieser Abschluß der Terrasse mit seinen kalten, ptolemäischen Marmorlöwen, sooft er sich auch durch Bilder und Photos Ihnen einprägen wollte? Das ist nicht die echte Farbe dieser

Gärten, die anmutig, vielleich auch bizarr, aber beileibe nicht pompös war. Und, in Wahrheit, all das ist ja Friedrich Wilhelm IV. ... ist 1850. Gewiß, es hat heute auch Stimmung bekommen – trotz allzu schroffer Gegensätze! – und es würde zum Beispiel bei der Orangerie sich mit Bauten und gärtnerischen Anlagen sehr gut vertragen haben, aber hier, in die Welt von 1750, bringt es einen Mißklang. Man wird sich dessen nicht bewußt, aber doch insgeheim irgendwie fühlt man es. Weil sein Bild in uns doch immer wieder verbleicht, und andere, weit intimere, sich vorschieben. Bizarr, sagte ich, muß ja dieser Garten einmal gewesen sein, ganz wie auf französischen Bildern alter Zeit, ein Garten, um Feste zu geben, um zwischen geschnittenen Laubgängen philosophierend zu lustwandeln. Ein Kunstprodukt und weniger ein Stück Natur. Und durch seine Mitte zog sich, von Knobelsdorff geschaffen, eine lange Kolonnade hin, ähnlich, aber weit reicher und auch wohl kühner ... eben an keinen Bau sich anlehnend – wie die am Stadtschloß und jene, die den Hof von Sanssouci da oben im Halbrund umschließt. Mit Säulen aus schlesischem Marmor und mit Verzierungen aus dem Marmor Carraras. Heute ist keine Spur davon da; und auch Bilder geben uns keine sehr klare Vorstellung der Wirkung mehr. Und doch haben Sie schon einmal etwas davon gesehen. Denn ein Teil der Säulen ist nach Friedrichs Tod im Marmorpalais mitverbaut worden.

Aber wir kamen ab von unserer Frage. Welche gärtnerischen Bilder tauchen zuerst in Ihnen auf? Es ist für jeden Parkteil, für die Umgebung eines jeden Schlosses ein anderes, ja selbst jedes kleine Lusthaus hat im Garten um sich das Geheimnis seiner eigenen Stimmung und einer anderen Stimmung behalten. Aber bei jedem scheint mir eine Stelle zu sein, die gleichsam der seelische Mittelpunkt dieser Stimmung ist, die alles in sich vereint, noch einmal den ganzen Gefühlskomplex in sich wiederholt, der hier in Kunst seine Form fand.

Ich sehe den Eingang von Sanssouci vor mir – nicht den hier, sondern den am Obelisken –, mit dem schönen eisernen Tor und den Säulenbündeln von »Chevalier Bernini«, so hieß Knobelsdorff in der Rheinsberger Tafelrunde. Und einen alten Weg mit breiten Stufen, an dessen Wangen Göttinnen der Fruchtbarkeit, breit hingelagert, ruhen. Und ich sehe die Muschelgrotte, ganz eingehüllt in Grün. Ich sehe die Teppichbeete vor der Gemäldegalerie mit altmodischen kurzen Aschenpflanzen mit grauem, gelbem und fuchsigem Blattwerk, das zu den Muscheln und farbigen Sternen der Rampe paßt. Ich sehe die geschnittenen Gänge der Hainbuchen, die rechts und links zu ihnen heraufführen. Zwischen den beiden Rokokosphinxen mit ihren Puderperücken taumelt im Halbdunkel mit orangefarbenen Flügelrändern ein Aurorafalter, strebt unter den Bäumen dahin, über den Graben fort, auf die helle Wiese hinaus, in die Sonne zu Schaumkraut und Bachnelkenwurz. Das – nicht die Terrasse mit den Verglasungen und den uralten vielarmigen Leuchtern ihres Spalierobstes dahinter – ist mir gewärtig, wenn ich an die Landschaft denke, die mir das Schloß da oben umhüllt, mit ihm zusammenklingt.

Und der Geist der Jugend Friedrich Wilhelms IV., der liegt für mich in dem Teil des Parks, der um den kleinen, von Glyzinien überrankten Zierbau liegt, den Schinkel nicht entwarf, sondern träumte, und der heiter und schwermütig zugleich ist mit seinem Marmorsarkophag, über dem sich das luftige Dach von grünen Schlinggewächsen erhebt; und so wundervoll unwirklich dabei. Das ist der Geist von Charlottenhof in nuce. Nicht Griechentum, nicht Antike, sondern die Form gewordene Sehnsucht danach. Friedrich der Große sammelte Antiken, baute sich einen Tempel, um Büsten aufzustellen, um Gemmen in Muße in ihm betrachten zu können oben in Sanssouci selbst. Draußen in der eisernen Gitterlaube vor seinem Bibliothekszimmer, stand die schöne, frühe Bronze des Adoranten, des Knaben, der seine Arme erhebt zu einer unbekannten Gottheit. Dinge sind ja immer nur das, was wir in sie hineinlegen, und schon der alte Raabe meinte, ob es nicht doch vielleicht kein betender, sondern nur ein ballspielender Knabe wäre. Genug, er ist ein Kanon auf den Knabenkörper, und Friedrichs Blick mag oft vom Buch aus zu ihm hinübergewandert sein. (30) Er liebte Antiken, er sammelte Antiken, ließ sie aufkaufen auf französischen Versteigerungen, durch italienische Agenten. Er rückte später vom Rokoko innerlich eigentlich immer weiter ab, immer stärker antikisierend. Er ließ sich, als letzten Bau hier, nach einer Darstellung des Marcellum des Nero, die er auf einer Münze fand, sein Belvedere auf dem Klausenberg erbaun. Und doch ein Wort, das Schinkel und der älteste Sohn

der Königin Louise kannten, war für ihn noch un-
geschrieben. Es lautet: »Das Land der Griechen mit
der Seele suchend.«

Und dann sehe ich immer eine Stelle in den Sizilianischen Gärten wieder vor mir, Spätsommer ist
es, und vier Orangenbäume in Kübeln umstehen
das Rund einer kleinen Fontäne, dessen schwarze
Fläche von den roten Rücken der Goldfische belebt
ist. Man atmet den vollsten Duft des Heliotrop und
liebkost mit den Blicken die Kronen der zierlichen
Nadelfuchsien. Sie sind reizend-altmodisch. Ich
habe mir eine Nadelfuchsie zu Geburtstagen ge-
wünscht, schon als ich fünf Jahre war, aber in einem
halben Jahrhundert ist es mir nur zweimal geglückt,
sie zum Geburtstag geschenkt zu bekommen. Und
beide Male ist sie mir bald eingegangen. Es scheint
mir bestimmt zu sein, daß ich mit Frauen und Blumen, die ich liebe, kein dauerndes Glück haben soll.

Und die Seele jener Gartenwelt da jenseits, bei
der Orangerie, ist mir die alte Maulbeerplantage,
die an der Straße liegt. Allerhand Zierkürbisse werden da gezogen und eine unendliche Üppigkeit von
Dahlien, Georginen, Verbenen, Jalapen, Amarant
und andere alte Herbstblumen, deren Namen ich
nicht mal mehr ahne. Erst gibt es da ein verlassenes
römisches Bad, in dessen Mauernischen so allerhand große schlesische Glasvasen stehen, noch altmodischer fast und plumper und bunter, als der
ganze Blumenflor, zu dem sie vorbereiten. (43) Gerade wie man es in Oberitalien liebt, rankt hier auch
alter, echter Wein sich von Maulbeerbaum zu Maulbeerbaum, und in ungezählten Mengen stehen die

Feuerwerkskörper der Sonnenblumen dazwischen. Die Wege sind ganz schmal, und man muß sich ordentlich hindurchkämpfen durch diese Blumenfülle. Die großen Büsche von Phlox und Astern fallen auseinander an den Rändern der Beete und wollen einen gar nicht vorüberlassen. Das hat nichts von der Kargheit und Keuschheit der Schinkelschen Welt mehr, das ist epigonenhafte Übersteigerung, Ausklang und krank gewordene Sinnlichkeit. Aber man hat ja manches hier geändert. Vielleicht besteht dieser alte Herbstgarten gar nicht mehr, und wenn er besteht, so hat ihm die Hand des Gärtners seine Wildheit, Buntheit und Überfülle lange schon genommen. Mir schien er immer wie der Wunschtraum eines Geisteskranken.

Empfinden Sie nicht auch, daß sich um den Freundschafts- und um den Antikentempel, der jetzt die irdischen Reste der letzten Kaiserin birgt, eine Feierlichkeit gebreitet hat, die sie sicher einst nicht hatten, als dort Friedrich mit den Blicken die Büsten seiner alten Lieblingskaiser liebkoste, und seiner Lieblingsschwester zärtliche Verse nachklagte? »Für ewig Schwester sankst Du mir in Schlaf! Und Gottes harte Hand ob meinem Haupt, die oft mich schlug und mir soviel geraubt. Was mahnst Du mich an meiner Jugend Land?« Wenn irgendwo in diesen Gärten – hier haben diese schönen beiden Rundtempel von Gontard sich ihre eigene Atmosphäre geschaffen. Feierlichkeit voll von Laubgrün und Schweigen. (47) Warum sie eigentlich das Chinesische Teehaus – eines der reizvollsten und originellsten Dinge in der ganzen Reihe seiner kleineren Zierbauten – verloren hat in dem letzten Jahrzehnt, weiß ich nicht. Ich glaube, man hat sie künstlich neu schaffen und verstärken wollen und dadurch ganz zerstört.

Ich sollte Ihnen von den Schlössern und Schlößchen sprechen, meinen Sie. Warum? Sie sollen durch mich weder die vorzüglich und mit kühler Kunsthistorikersachlichkeit gearbeiteten amtlichen Führer, noch die Führung ersparen, der leider jeder sich unterwerfen muß, und die uns nur dann nicht stört, wenn wir von vornherein genau wissen, was wir in der knappen Viertelstunde, in der man uns durch die Säle treibt, ansehen wollen, und außerdem vorher nach dem Rezept des Odysseus Wachs in die Ohren gesteckt haben. Aber einen Rat möchte ich Ihnen für Ihre zukünftigen Potsdamfahrten geben: Sehen Sie sich jedesmal nie mehr als ein, höchstens zwei der Schlösser an. Und dann nehmen Sie die Bauten in zeitlicher Folge – auch die friderizianischen –, und Sie werden von Jahrzehnt zu Jahrzehnt die Entwicklung und Umstellung des Geschmacks spüren. Von Rheinsberg nach Sanssouci, nach dem Stadtschloß, von da nach dem Chinesischen Teehaus. Dann nach dem Neuen Palais, dann nach der Bildergalerie, den Neuen Kammern, dann Freundschaftstempel, Antikentempel und Belvedere. Dann Marmorpalais, dann Paretz, dann Charlottenhof, dann Babelsberg, dann Orangerie und Pfingstberg. Jede der Bauten hat innen – von außen gar nicht zu sprechen – das Cachet eines anderen Zeitgeschmacks, auch wenn sie sich ganz langsam nur zu wandeln scheinen, und jede Zeit noch die Fracht vergangener Jahrzehnte mit sich trägt. Und dann achten Sie auch auf die Entwicklung des vornehmen Landhauses, vom Marschallhaus bis zu allerhand Prinzenbauten, wie es die beiden hier hinter der Friedenskirche sind, an denen wir eben vorübergingen. Das eine mit dem süßen Gartenpavillon und dem System von Pergola und Stabwerk für Weingehänge (man denkt an Welsch-Tirol!) ist noch von Schinkels Hand. In dem drüben spüren Sie schon den schwächeren Epigonen seiner Kunst. Und Sie werden mühelos begreifen, wie und warum Stile sich auflösen … Denken Sie an Schloß Sanssouci. Sie können sich Hunderte ähnlicher Bauten vorstellen, wie sie einst vor der Französischen Revolution den weiten, schönen Garten des französischen Landes zierten. Und dann denken Sie an den prunkenden, doch überladenen Riesenbau des »Neuen Palais«, in dem das Rokoko – um es paradox zu sagen – Barock wurde, der Schmuck übergroß, die Plastik manchmal schon etwas leer und summarisch. (49) Und Sie werden im Augenblick verstehen, daß das Rokoko im Neuen Palais schon eine Kunst geworden ist, die bei aller Schönheit sich nicht mehr weiter entwickeln kann und in sich bald zusammenbrechen muß. (50)

Friedrich hat es nach dem Siebenjährigen Kriege gebaut. Quand même! Nennt es selbst eine Fanfaronade. Hat es zu Ende geführt, um zu beweisen, daß er nicht verarmt sei. Es hat aber kein prunkhaftes Treppenhaus wie Würzburg oder Bruchsal. Und seine eigenen Gemächer hat er zwar noch köstlicher fast, als die andern in Potsdam, ausge-

stattet, aber er hat sie in einen niederen Seitenflügel gelegt, um seine Neffen und Nichten, den
fremden Potentaten, die ihn besuchten, und denen
er große Feste geben mußte, den Prunkbau zu
überlassen. Sie konnten dort sich Theater vorspie-
len lassen und konnten sonst tun und lassen, was
ihnen behagte. »Ich habe das ganze Haus voll Neffen und Nichten«, schreibt er 1775 an Voltaire, als
man eines seiner Stücke dort spielte, »und ich muß
ihnen Schauspiele geben, um sie für die Langewei-
le zu entschädigen, die ihnen die Gesellschaft eines
alten Mannes verursachen dürfte.«

Das Theater dort ist wenigstens erhalten (auch
von dem vorzüglichen Nahl), aber doch durch un-
geschickte Restauration sehr um seine Wirkung
gebracht. Auf Durchblicke von Raum zu Raum, so
durch eine ganze Zimmerflucht hin, hat Friedrich
hier bei sich selbst nebenbei verzichtet, denn er
war, wie er in dieser Zeit schreibt, »schon grau wie
ein Esel, halb lahm vor Gicht und verlor alle Tage
einen Zahn«. Und so kam es, daß er Zug weit weniger liebte, als diese weiten Durchblicke, die er
einst so geschätzt hatte. Aber herrliche Möbel von
Spindler, Kambly und Schwizer muß es darin haben. Woher ich es weiß? Ich habe jetzt die Werke darüber durchgeblättert. Denn (wie schon bemerkt)
immer, wenn ich in früheren Jahren mir mal das
Schloß ansehen wollte, waren gerade »die hohen
Herrschaften da« (ich nehme ihnen das keineswegs
übel, ich würde auch lieber in Potsdam im Neuen
Palais als im Norden in der Prenzlauer Allee wohnen, selbst wenn es in Potsdam an modernem Kom-

fort fehlen sollte). Und in den letzten Jahren, wie gesagt, wenn ich schon mal die fünfhundert Kilometer nach Berlin heraufkam und mich mal nach Potsdam dann verirrte, dann ging es mir, wie es uns dieses Mal gehen wird: ich bin vorher hängengeblieben. Aber sowie ich das nächste Mal nach Potsdam komme, das verspreche ich Ihnen, wird mein erster Gang dorthin sein. Und ich werde, wie Oberländers Dichter in den »Fliegenden Blättern«[*], ausrufen voller Begeisterung: »Das ist also das Himmelsschlüsselchen, das ich immer so schön besungen habe!«

Doch noch ein Wort: Ist Ihnen einmal klargeworden, daß jede Kunst eigentlich einen Urgedanken, ein Ideal ihrer selbst verkörpert, das wir nicht kennen; daß sie eine imaginäre Vorstellung ihres Wesens hat und nur in ganz seltenen Augenblicken des Glücks sich selbst erreicht. (15) Wir arbeiten ja mit dieser Annahme, wenn wir, ohne es uns verwirklicht vorstellen zu können, von Begriffen wie Vollendung und Vollkommenheit sprechen. Oder sagen, etwas bleibt hinter seiner eigenen Idee zurück. Und vielleicht sind es nur drei Schöpfungen hier unter den allen, die sich völlig restlos mit der Idee der Baukunst Friedrichs decken, keiner Steigerung mehr fähig wären, sich selbst erreicht haben. Das ist das Bibliothekszimmer in Sanssouci. Ganz königlich. Und dabei ganz rund, schlicht und in sich geschlossen, wie das Weltbild eines Philosophen. Fürder die Raumwirkung der Gemäldegalerie. Und endlich die spielerische Grazie des Chinesischen Teehauses, die östlicher ist, als der ganze ferne

Osten und zugleich rokokohafter, als das ganze
18. Jahrhundert, nur noch Spiel und Maskerade. (45)

Die erlesensten Stücke der Malerei, die Friedrich
sammelte, sind nicht in Potsdam geblieben, sie kamen nach Berlin in das Schloß und in die Museen;
so die berühmten Watteaus, das »Firmenschild«
und das »Embarquement« zur glücklichen Liebes-
insel, mit dem jedes Feuilleton und jedes Novell-
chen, das etwas auf sich hält, und in dem Marquis
und Marquisen Menuett tanzen, schon seit zwanzig
Jahren beginnen muß. Trotzdem gibt's noch sehr
schöne Bilder in Potsdam, zwei herrliche Lancrets
dort, der Tanz an der Pegasusfontäne und die Tänzerin Camargo, weiter der schöne de Troy, von dem
ich Ihnen schon sprach, und zahllose andere Dinge der Zeit. Ich glaube, in Frankreich ist man ärmer
an Franzosen als hier; und erst in der Wallace Col-
lection findet man ähnlichen Reichtum.

Aber die drei Bilder, die für mich eigentlich die
Seele, die Essenz seines Geschmacks waren, sind
nicht mehr in Potsdam. Die kluge Berliner Mu-
seumsleitung hat sie sich schon vor Jahren über-
weisen lassen. Es ist ein Rubens aus der oranischen
Erbschaft. Satyren nähern sich in unverkennbarer
Absicht einigen Nymphen, die ob dieses Überfalls
nicht zu sehr erschrocken sind. Wie gesagt, ein
schöner, saftiger, eigenhändiger Rubens von einem
satten und reifen Ton. Aber die rechte Hälfte des
Bildes nimmt etwas ein, das zwar von ihm genauso
herrührt, aber, als hätte es den späteren Besitzer
vorgeahnt, ganz friderizianisch im Geiste ist: eine
hohe Fontäne. Aus dem breiten oberen Becken

rinnt ein durchsichtiger silberner Wasserschleier hinab, und durch diesen Wasserschleier sieht man, verschwommen und leicht verzerrt, ein großes graues Windspiel. Es ist eigentlich nicht da. Es ist nur, als ob man daran denkt. Aber es bleibt uns dafür auch wie ein Stück Erinnerung. Und dann war da Pesnes große Barbarina, die mit dem Leopardenfell und dem Tamburin, überschlank, mit kleinem Kopf und Augen wie Kirschen von der Sorte, die ganz groß sind und lange am Baum bleiben müssen, damit sie sehr süß werden. Pesne hat sie auch nackt gemalt, aber auch hier glaubt man es schon, daß sie ein herrliches Geschöpf war, ganz tierhaft und ganz beseelt zugleich. Sie steht auf der Bühne, aber sie tanzt nur für einen. Und es scheinen nicht die Blicke des alten Berliner Apollos zu sein, wie ihn Friedrich nannte, die sie sahen und festhielten, sondern die streichelnden Blicke des einen, für den sie tanzt.

Das dritte aber galt auch als Pesne, hing da mitten in der Gemäldegalerie klein und unscheinbar zwischen Riesenbarockbildern. Der Saal des Barocks brauchte einst diese Formate. Es war ganz skizzenhaft, ganz unirdisch, mehr ein gemalter Hauch als Gegenständlichkeit. Eine Entführung der Europa. Aufgelöst in Blumenketten, Bewegung, spielende Grazie vieler Figuren und Putten. Alles sehr hell und wie aus Rauch gebildet. Es war kein Gemälde, es war Erinnerung, wie Corot ein Bild »Erinnerung an Castelfranco« nennt. Ich glaube, jetzt gilt es als Watteau. Und dieses Bild ist mir stets wie ein Symbol für die ganze Welt hier gewesen, für diesen

Traum, den hier ein einzelner aus seinem Leben zu machen strebte. Und der nun für uns Licht und verblaßt zugleich ist, Wirklichkeit und Schein zugleich ist und von dem wir ein so süßes, dämmriges, in lichten Farben sich zu bestimmten Formen immer wieder neugestaltendes Bild der Erinnerung in uns tragen, wo wir auch sein mögen, wie viele Jahre und wie viele Meilen wir uns auch davon entfernt haben mögen. (55)

Und nun, mein imaginärer Begleiter, will ich Sie verlassen. Soeben sah ich noch alles: Potsdam, Sanssouci da oben, die Weite seiner Gärten in dem kühlen, silbernen Licht einer märkischen Sonne vor mir. Nun aber hebe ich den Blick von meinem Schreibpapier, und er wandert hinaus in die grüngoldene Wirklichkeit des Odenwalds.

Sollten Sie mit meiner Führung unzufrieden gewesen sein, sollte sie nicht genau sein; ja, sollten etwa grobe Unrichtigkeiten Sie gestört haben, so bitte ich zu bedenken, daß ich ja keinen Führer durch Potsdam schreiben wollte, sondern auch nur »Ein Buch der Erinnerung« oder, wie der Titel eines meiner Lieblingsbücher lautet, »Memoirs of my dead life«.

NACHWORT

Die Liebhaber der Städte, die in ihnen spazieren gehen, wie man in einem Buch liest und sich darin verliert, die Flaneure, die weder Geschäft noch Besorgung durch die Straßen treiben, haben Zeit und lassen sich Zeit – nicht weil sie ganz im gegenwärtigen Augenblick leben würden, sondern weil sie ohnehin immer zu spät sind. Denn die Städte, abgesehen von wenigen in Ländern, die seit Jahrhunderten keinen Krieg, weder gesellschaftliche noch geophysische Umbrüche erfahren haben, sind zu keiner Zeit *das was sie waren* und was ihre Liebhaber in ihnen suchen. Baudelaires Ausruf in den *Tableaux Parisiens: »Paris change!«* gilt für all die Städte, vor allem die großen, die ständig im Abriß und Umbruch sind, und seine Widmung an die, *»die verloren haben, was sich nie, nie wiederfindet«,* paßt gut für die Stadtspaziergänger, die stets auf der Suche nach Spuren des Vergangenen sind. Aus den Zeichen an der Oberfläche der gegenwärtigen Stadt versuchen sie zu buchstabieren, was darunter liegt, versunken wie die versteinerten Eichenpfosten der alten Wendenburg, die einmal in einem sehr trockenen Sommer bei der Heiliggeistkirche aus dem Havelwasser aufgetaucht sein sollen.

Hermanns Potsdam ist ein versunkenes Vineta. Wenn wir diesen poetischen Stadtführer lesend begleiten, durchwandern wir eine Stadt, die er mit dem melancholischen Blick des späten Nachfahren betrachtet, mit wieviel mehr Recht übernehmen wir seinen Blick, die Nachgeborenen, die sie überhaupt nur noch im Spiegel der Literatur wie der alten Bilder kennenlernen können. Wenige Gebäude, bauliche und plastische Details, die er uns vor Augen führt, haben den vernichtenden Angriff der Royal Air Force Mitte April 1945 und den kontinuierlichen Abriß in den Jahrzehnten danach überdauert. Teile der Stadtanlage, des historischen Grundrisses, der Straßenführung sind bis zur Unkenntlichkeit verändert. Nicht einmal Potsdams Charakter als Wasserstadt, auf einer Insel in sumpfiges Gelände auf Pfählen gebaut, ist heute leicht wahrzunehmen. Der Stadtkanal, von Friedrich Wilhelm I. zur Trockenlegung des Stadtterrains und in Anlehnung an holländische Grachten angelegt, wurde zwischen 1965 und 1975 zugeschüttet. In Hermanns Potsdamer Romanen spielt er als dunkler Spiegel verkehrten Lebens eine bedeutende Rolle, und auch der Spaziergänger widmet ihm viel Zeit.

Im melancholisch-archäologischen Blick stimmen das Genre des literarischen Stadtspaziergangs und sein Autor Georg Hermann vollkommen überein. Der Sammler schöner alter Dinge, der kulturhistorische Kenner und Erzähler hat sich zeitlebens als Bewahrer der Spuren unwiederbringlich vergangenen Lebens verstanden. Sein Werk ist einer Ästhetik der Erinnerung verpflichtet, einer Aufgabe, die er im Ritual der Evokation von Vergangenem und

Vergessenem erfüllt. Daher wählt er als Schwerpunkt seines Spaziergangs nicht die berühmten Potsdamer Schlösser und Gärten, die ohnehin ihres Erfolgs beim Besucher, ihrer Pflege und Dauer gewiß sind, sondern die Stadt und ihre Einzelheiten, die weniger Beachtung finden und deren Zerstörung kaum bemerkt wird: die »*hundertfach wechselnden Einteilungen der Oberlichter über den Türen*« der Nowaweser Weberhäuser, die Stufen, die zu den Haustüren führen, Pflasterungen, Beischläge, Rotdornbäume und Eisengitter. Die gleiche Vorliebe, die er für erfolglose und schüchterne Menschen hegt, bringt er den leicht übersehenen, vernachlässigten und rasch vergessenen Dingen entgegen. Und nicht nur auf sie möchte er die Augen der Potsdam-Spaziergänger lenken, sondern auch auf die Menschen, die sie geplant, entworfen und realisiert haben. Zwar nennt er einmal das »Hübsche an alter Kunst« ihre Anonymität, aber an anderer Stelle möchte er doch das Andenken der weniger bekannten Künstler und Handwerker, der Bildhauer, Modelleure und Stukkateure in ihrem Namen bewahren und betont, daß vieles »*von persönlicher, künstlerischer Signatur*« ist. – Seine Liebe zum Detail verknüpft Hermann mit dem Grundgesetz klassischer Ästhetik, der Zweckfreiheit des Schönen. Fast fällt er aus dem Plauderton, in dem er sonst den Leser anspricht, wenn er das Lob der Kolonnaden singt, »*weil sie völlig sinn- und zwecklos sind, reiner Schmuck, absolute Schönheit. [...] Kein Weg führt an der Balustrade entlang, nein, sie ist einfach reglos in die freie Luft hinaufgeträumt, vielleicht für Götter, die da oben spazieren-*

gehen sollen.« Für das Nützliche finden sich allemal Interessenten, die Wege für Götter aber bedürfen der besonderen Aufmerksamkeit und Fürsprache.

Über der Liebe zum versunkenen Potsdam gerät Hermann das gegenwärtige aus den Augen. In seinem Text zeigt sich die Stadt dem Leser nicht als belebter Ort des 20. Jahrhunderts. Er ist allein hier mit den imaginierten Besuchern, die er durch eine menschenleere stille Stadt führt, als geleite er sie durch die Totenstadt Pompeji. Erst diese Leere und Stille ermöglicht die Beschwörung der Toten. *»Es mag hart klingen, aber Geschichte bekommt doch wirklich erst Leben, wenn sie tot ist; und über Schlössern und Schloßhöfen muß Stille liegen, wenn die Menschen von einst durch ihre Kunst zu uns sprechen wollen.«* Wenn Hermann beiläufig Heines Äußerung erwähnt, er habe *»dort mit keinem Menschen, sondern nur mit den Statuen im Park Umgang gepflogen«,* so trifft das nicht minder auf ihn selbst zu. Das gegenwärtige Leben ausblendend, bevölkert er die Stadt mit Kunstfiguren verschiedener Provenienz. Er belebt die Amoretten und Satyrn, Sphingen und Allegorien, die Gartengötter und Galateen der Brunnen; Sandstein, Marmor und Stuck beginnen zu atmen und gewinnen die sinnliche Gegenwärtigkeit des Fleisches. Unter Hermanns liebevollen Blicken erotisiert sich die Figurenwelt des Rokoko neu, wird noch einmal verführerisch wie die Gartennymphe, die in seinem *»Grenadier Wordelmann«* dem Bauern Schmitzdorff als vollendetes und getreues Abbild seiner jugendlichen Geliebten erschien. Die Putten auf Balustraden, in Giebeln und über Türen sind in seinem Text ununterbrochen in Bewegung, wie wirkliche Kinder im Spiel. Schon im *»Heinrich Schön jun.«* hatte er sie im Abendlicht rosig schimmern gesehen: *»Und ein paar steingraue Putten, die da auf dem Dachrand des Hauses Platz hatten, schienen plötzlich Fleisch und Blut geworden zu sein. Rosig waren sie, wie so kleine Wesen auf alten Bildern – hatten all' ihre Schwere verloren. Und man konnte meinen, daß sie jede Minute sich von ihrer Stelle lösen und hinaufflattern möchten in die leuchtende, grenzenlose Klarheit.«*

Zu den Werken der Bildhauer und Stukkateure gesellen sich die Figuren aus historischen Anekdoten und aus Hermanns eigenem Werk. Keinem Bürger von 1929 begegnen wir, wohl aber Friedrich II. mit seinem alten Freund Lord Keith, dem *»Nachbar Ameise«*, dem reichen Sonderling Hoditz, schließlich Heinrich Schön und seinen Freunden aus der Mitte des 19. Jahrhunderts. Die einzige auf den ersten Blick gegenwärtig belebte Szene, der Fischmarkt am Kanal, täuscht, auch sie ist Zitat, aus *»Berliner Witze und Redensarten«* von 1820, und vor allem erinnert sich Hermann hier an die zärtliche und anspruchslose Fischerfrau Wulkow, die seinen Helden Heinrich Schön im öden Brautstand unterhält und ihn tröstet in seiner unerfüllbaren Liebe. Die Personen aus *»Heinrich Schön jun.«* ihrerseits erzählen nicht nur zahlreiche Anekdoten, die Hermann im *»Spaziergang«* wiederholt, sondern erinnern sich auch an den überraschenden und erschütternden Tod der schönen Henriette Jacoby und an ihren

Onkel Jason Gebert. So knüpft der Autor ein dichtes erzählerisches Netz, in dem er *sein* Potsdam bewahrt und das das reale und gegenwärtige überlagert und unsichtbar macht. Hermann schreibt Erinnerungen an das von ihm selbst erzählte Potsdam. Er montiert ganze Passagen aus den alten Büchern, ein Textverarbeitungsverfahren, mit dem er sich die Arbeit an dem Auftragswerk erleichterte, das er weit entfernt von Potsdam in seinem Haus am Rande des Odenwalds schrieb und an das er offensichtlich nicht allzuviel Zeit und Mühe verschwenden wollte. Mit ihm bewegen wir uns in einer geschriebenen, einer literarischen Stadt. Auf ihrem Text besteht Hermann fast eifersüchtig, möchte ihn frei halten von der Überlagerung durch die neuen Schriftzeichen der Stadt des 20. Jahrhunderts: Reklameschilder und aufdringliche Firmennamen will er nicht dulden. Gegen sie polemisiert er kaum weniger heftig als gegen die Verdrängung des friderizianischen Potsdam durch den Wilhelminismus.

Die Totenstille seiner Stadt überspielt er mit der Gestik des plaudernden Cicerone, mit der betonten Mündlichkeit seiner Stadtführung. Ihre stilistischen Kennzeichen sind Abschweifungen, ein sprunghaftes Hin-und-Her, ungenaue Ziate und umgangssprachliche Wendungen – ein »*nur noch so-so*«, ein »*oder so*«, die Apropos', Beiseitegesprochenes – »*nebenbei bemerkt*«, die Anreden des Lesers und kleinen Fragespiele mit ihm, Assoziationen querfeldein und um viele Ecken, wie die zum »*stahlharten*« Charakter nördlicher Malerei, zu der – für den

Leser überraschend und befremdlich – der Prinz Eugen gezählt wird, weil er sich in voller Rüstung – *»stählern«* – hat malen lassen. Zu diesen Merkmalen des spontanen Gesprächs, der improvisierten Unterhaltung, treten die narrativen Elemente der Anekdote, des Bonmots, auch des Klatsches bis hin zur maliziösen Nachrede: *»(im Vertrauen: Er war ein wenig hydrozephal).«* Wer mit Hermann durch Potsdam streift, vertraut sich der Begleitung eines recht redseligen und erzähllustigen, leicht sentimentalen, dabei charmanten und selbstironischen älteren Herrn an, der die Antworten auf seine Fragen alle schon parat hat.

Unrecht wäre indes seinem *»Spaziergang«* getan, wenn er auf unverbindliches Geplauder reduziert würde. Denn bei aller schweifenden Assoziationslust und der spürbaren Entfernung vom Gegenstand seiner Betrachtungen ist der Autor gleichwohl ein ungemein kompetenter Begleiter, der durch seine Individualität und seine ausgeprägten Vorlieben ein suggestives, einprägsames Bild der Stadt entwirft. Dazu trägt – nur scheinbar paradox – seine Ungenauigkeit bei, die Vagheit seiner topographischen Angaben, sein *»da drüben«*, *»kommen Sie einmal hier herum«*, *»Also auf nach Speyer«*. Denn es sind die detaillierten Angaben der professionellen Stadtführer, die es der Imagination schwer machen, ihnen zu folgen, ihr *»am dritten Haus rechts und dann die zweite links«*, dies *»im rechten Winkel zu«* und *»dreihundert Schritte nordwärts«*. Mit dem Buch in der Hand und den Augen im Buch mag ein Text

143

dieser Art zielsicher durch die Straßen und Wege führen. Den Leser aber, der ein inneres Bild der Stadt zu gewinnen wünscht, belästigen sie, und sie vereiteln die Vision. Ihr läßt Hermanns kunstvolle Undeutlichkeit Raum. Nicht durch einen dürftigen Pseudo-Impressionismus, sondern indem er stets wechselt zwischen der Konzentration auf das präzis erfaßte Detail und dem Umriß des Ganzen, der Evokation der Atmosphäre und des Geistes der Stadt und ihrer Erfinder und Erbauer. Er würdigt das Einzelne, ohne sich pedantisch darin zu verlieren, er denkt immer im Kleinen das Ganze mit. Die friderizianische Anlage vollzieht er nach als kühnen Entwurf, der sich im Ensemble liebevoll gestalteter Details realisiert. Auf diese Weise vermeidet Hermann die Trivialität allgemeiner Würdigungen. Zumal dem spazierenden Laien kommt der Wechsel von Detailtreue und Überblick mehr zugute als eine Anhäufung kunsthistorischer Daten und architektonischer Fachbegriffe. Ein schönes Beispiel dafür ist Hermanns persönliche, anschauliche Einteilung der Potsdamer Häuser zwischen 1770 und 1790 in *»die Tuchhäuser, die Puttenhäuser, die Vasen- und Urnenhäuser, die Maskenhäuser, die Medaillenhäuser, die Kranzhäuser, die Festonhäuser, die Zopfhäuser, die Wedgewoodhäuser«.* Der Blick wird auf Schmuckelemente gelenkt, für die wir meist nicht sehr empfänglich sind, weil ihre Allgegenwart im Kitsch ihre historische und ästhetische Besonderheit und ihre Bedeutung für das Ganze eines Hauses, einer Straße, eines Stadtbildes verstellt hat.

Besonders eindrucksvoll sind – wie in Hermanns Romanen – seine Darstellungen von Licht und Farben: Das Südliche des Havelblaus, die Lieblingsfarben Friedrichs *(»seidiges Blau und Silber, mattviolett, kaffeebraun mit Bronzetönen«)*, die Rottöne der Rotdornblüten, der Eindruck exzentrischer Buntheit im Garten bei der Maulbeerplantage, den er ohne jedes Farbadjektiv nur mit der Aufzählung üppiger Blumennamen hervorruft, schließlich seine Beschreibung der Treppenhalle im Militärwaisenhaus, *»Weiß in Weiß gelöst«,* ein Höhepunkt seiner Prosa, die die Faszination vor monochrom weißen Bildern der fünfziger und sechziger Jahre vorwegnimmt. Die Steigerung des Weißen ins Licht, ins flirrend Unsichtbare, den Blick Lösende, nimmt in Hermanns Ästhetik den höchsten Rang ein. Sie bezeichnet einen Übergang des Physisch-Materiellen ins Geistige, ohne daß der Zauber des Leiblichen ganz aufgegeben wäre. Diesen Übergang umschreibt er ehrfürchtig mit den Worten, die den ihm *unsagbaren Traum* des Ungerschen Belvederes mehr andeuten als aussprechen. Gegen Ende des *»Spaziergangs«* beschwört er die Kunst äußerster Leichtigkeit in der Passage über die kleine, bald Pesne, bald Watteau zugeschriebene *»Entführung Europas«: »Alles hell und wie aus Rauch gebildet. Es war kein Gemälde, es war Erinnerung [...]«* Ein ähnliches Bild von Potsdam zu geben ist Hermanns Intention: ein Traumbild, das die Schwere der Steine und den Kriegs- und Blutzoll, den es gekostet hat, aufhebt in eine hier erotisch lockende, dort freundlich anheimelnde Vision von Stadt, Schloß und Garten in menschlichen Dimensionen, möglich geworden an der Nahtstelle zwischen absolutem Herrscherwillen und souveränem Schöpfergeist einerseits und bürgerlicher selbstbewußter Bescheidung andererseits.

Gundel Mattenklott

EDITORISCHE NOTIZ

Dieser Ausgabe liegt die Edition von Bernhard Kaufhold zugrunde (Das Neue Berlin, 1985). Kaufholds Modernisierung insbesondere der Interpunktion wurde aber weitgehend zugunsten der Angleichung an den Erstdruck (Berlin: Rembrandt 1929) zurückgenommen, obgleich Hermanns Kommasetzung den gängigen Regeln nicht entspricht. Sie unterstreicht jedoch die Imitation des mündlichen Sprachgestus, indem Kommata, Gedankenstriche und Suspensionspunkte nicht nach grammatikalischen Regeln gesetzt werden, sondern Sprechpausen markieren wie Atemzeichen. Auch nach der Regelgrammatik falsche Spracheigentümlichkeiten Hermanns, die Kaufhold korrigiert hat, wurden, soweit sie nicht als bloße Druckfehler kenntlich sind, sondern das gesamte Werk durchziehen, wieder hergestellt, so das beharrliche *wie* nach dem Komparativ oder die umgangssprachliche Verwechslung von *das gleiche* mit *dasselbe*.

Dieser Band enthält 55 Fotos vom heutigen Potsdam und Sanssouci. Die Bildunterschriften sind Zitate aus dem Text »Georg Hermann, Spaziergang in Potsdam«. Diese Zitate wurden mit Ziffern (in Klammern von 1 bis 55) fortlaufend numeriert. Um den Leser auf die Abbildungen hinzuweisen, wurden diese Ziffern sowohl an den zitierten Stellen im

Text als auch im »Verzeichnis der Straßen, Gebäude und Kunstwerke« (vgl. die folgenden Seiten) eingesetzt.

Die Sternchen im Text verweisen auf Anmerkungen im Anhang.

G. M.

DIE STRASSEN, GEBÄUDE
UND KUNSTWERKE

»Acht Ecken« (Kreuzung Schwertfeger/Hohe Weg-
straße); von den vier Gebäuden nur das jetzige
Haus Friedrich-Ebert-Straße 122 erhalten
Alte Post (Am Kanal 19, Ecke Nauener Straße 34a);
nicht erhalten
Am Alten Markt 13; nicht erhalten
– Knobelsdorff-Haus (Ecke Brauerstraße 10) (14)
Am Bassin 7–12 (Westseite)
Am Kanal, jetzt Yorkstraße und Am Kanal (nörd-
liche Seite); Bebauung teilweise erhalten (8)
– Nr. 4a (9)
– Nr. 41 (Platz der Einheit); nicht erhalten
Am Neuen Markt
– Nr. 5; nicht erhalten
– Nr. 6 (7)
Bäckerstraße, Haus mit alter Tür: Nr. 4
Bassinplatz; Bebauung der Ost- und Südseite (Wohn-
häuser von Gontard in der Charlottenstraße 52–
54), nicht erhalten
Behlertstraße 31 (Palais der Gräfin Lichtenau)
Belvedere auf dem Klausberg; 1770–1772 nach Entwür-
fen von Unger gebaut (48)
Berliner Straße 3; nicht erhalten
– Wohnhäuser von Gontard Nr. 4/5 und 18/19; nicht
erhalten.
Berliner Tor; nicht erhalten

Blücherplatz 7; nicht erhalten

Bogenschütze, Sizilianische Gärten (54)

Brandenburger Straße

Brandenburger Tor

Brauhausberg; Hermann meint das 1899–1902 nach
 Plänen von Franz Schwechten (1841–1924) errichtete Gebäude, in dem eine Kriegsschule untergebracht war.

Breite Brücke, »Mangersche Brücke«; nicht erhalten.
 Figuren jetzt auf der Freundschaftsinsel

Breite Straße; Bebauung teilweise erhalten

– Kopfbauten von Knobelsdorff (Schloßstraße 13
 und 14)

– Nr. 10 und 11

Burgstraße; nur zwei Häuser erhalten

– Nr. 34; nicht erhalten

– Puttenhaus, wohl Nr. 38; nicht erhalten

Charlottenstraße

– Nr. 72, Ecke Jägerstraße 22; nicht erhalten

– Nr. 81/82

– Nr. 86/87 (13)

– Nr. 96/97

Chinesisches (Tee-)Haus; 1754–1756 nach Plänen von
 Büring errichtet (45/46)

Denkmal Kaiser Wilhelms I. (Lange Brücke); beseitigt

Denkmal Kaiser Friedrichs III. (Luisenplatz); beseitigt

Denkmal Friedrich Wilhelms IV.; vor dem Mittelbau
 der Orangerie (3)

Direktionsgebäude der Gewehrfabrik (Hoffbauerstr. 1,
 Ecke Breite Straße); nicht erhalten

»Dom« siehe Nikolaikirche

Ebräerstraße; nur zwei Häuser erhalten

Einsiedler, Hotel (Schloßstraße 8, Ecke Hohe Wegstraße); nicht erhalten

Französische Kirche, Südostecke des Bassinplatzes (17)

Französische Straße, Bebauung nicht erhalten

Freundschaftstempel, 1768 nach einer Skizze Friedrichs II. von Gontard gebaut (47)

Friedenskirche, 1848 von Persius u. a. nach Ideenskizzen von Friedrich Wilhelm IV. gebaut (52)

Friedhof an der Saarmunder Straße, jetzt Heinrich-
Mann-Allee

Friedrich II., Reiterstandbild; in Sanssouci

– Statue; in Sanssouci (2)

Friedrichstraße, jetzt Posthofstraße

– Nr. 14; nicht erhalten

– Nr. 17 (»Schauspielkaserne«)

Garnisonkirche; nicht erhalten (18)

Garten von Schloß Sanssouci

– Sphinx (27)

– Gitter am Ehrenhof, Nordseite des Schlosses (28)

– Putten (23/24)

– Vasen (25/26)

– Gartengötter (33–38)

– Wasserspiele (39–42)

Gewehrfabrik (An der Gewehrfabrik 2–5, Ecke Priesterstraße); jetzt Hoffbauerstraße, Ecke Henning-
von-Tresckow-Straße

Glienicker Brücke

Gloriette auf dem Bassinplatz; nicht erhalten

Große Fischerstraße; nur vier Häuser erhalten

Grüne Brücke; nicht erhalten

Grünstraße; Bebauung nicht erhalten (Straße aufgegangen)

Heiligegeistkirche; nicht erhalten

Hiller-Brandsche Häuser (Breite Straße 26/27)

Hoditzstraße; jetzt Wilhelm-Staab-Straße (6)

– Nr. 18

– Nr. 8 (Geburtshaus von Helmholtz)

»Hoher Weg«, Hohe Wegstraße; die westliche Seite jetzt Teil der Friedrich-Ebert-Straße zwischen Schloß- und Yorkstraße, die östliche nicht erhalten

Holländisches Viertel (10 – 12)

Humboldtstraße; Bebauung nicht erhalten (Straße aufgegangen)

Jägerstraße

Jägertor

Kanal (verlief im südlichen Teil der Waisenstraße, jetzt Teil der Dortusstraße, und in der Straße Am Kanal, jetzt Yorkstraße und Am Kanal); beseitigt (aufgeschüttet)

Kasino, Zivilkasino (Waisenstraße 19 – 23, jetzt Dortusstraße); nicht erhalten

Kellertor; nicht erhalten

Kietz, jetzt Kiezstraße

Kirche (Friedrichskirche) in Nowawes, jetzt Potsdam-Babelberg

Kirche auf dem Bassinplatz (Peter-Pauls-Kirche); gebaut 1867 unter Wilhelm I., nach einem Entwurf von Stüler; von Hermann Friedrich Wilhelm IV. zugeschrieben (16)

Kleine Fischerstraße; Bebauung nicht erhalten

Kolonistenhäuser in Nowawes, jetzt Potsdam-Babelsberg

Kolonnaden siehe Stadtschloß-Kolonnaden

Kommandantur (Priesterstraße 13), jetzt Henning-von-Tresckow-Str. 13

Kutschenstall, Am Neuen Markt 9 (19)

Lange Brücke, jetzt Neubau (1958–1961)

Langer Stall (Mammonstraße 6), jetzt Werner-Seelenbinder-Straße; nur der Kopfbau erhalten (20)

Lazarett (Am Kanal 2); nicht erhalten

Lindenstraße

Lindstetter Tor, nördlicher Parkeingang am Neuen Palais, 1893 (55)

Lustgarten am Stadtschloß; nicht erhalten

»Mangersche Brücke« siehe Breite Brücke

Marmorpalais (Neuer Garten)

Marschallhaus, Lordmarschallhaus, jetzt Lennéstraße 6

Marstall (Schloßstraße) (21/22)

Militärwaisenhaus (Breite Straße / Lindenstraße / Spornstraße/Waisenstraße, jetzt Dortusstraße); (Tempietto – die auf Säulen ruhende Kuppel – nicht erhalten)

Muschelgrotte; gemeint ist die Neptungrotte östlich der Bildergalerie, 1751–1754 von Knobelsdorff gestaltet. Im Innern ist aus vielen Muscheln eine Riesenmuschel zusammengesetzt. (44)

Nauener Straße, jetzt Teil der Friedrich-Ebert-Straße

Nauener Tor

Neptungruppe am Stadtschloß; der erhaltene Teil jetzt in den Anlagen am »Hotel Mercure«, Schloßstraße

Neuer Garten

Neuer Markt siehe Am Neuen Markt

Neues Palais, ab 1763 unter Manger, Büring und Gontard gebaut (49–51)

Neustädter Tor; nicht erhalten. Ein Obelisk jetzt in der Breiten Straße aufgestellt

Nikolaikirche; Vorgängerbau (1721–1724 nach Plänen Philipp Gerlachs erbaut), 1795 abgebrannt

Nikolaikirche, »Dom«, Am Alten Markt (1831 von K. F. Schinkel begonnen, 1849 von Persius und Stüler nach Plänen Schinkels vollendet) (4)

Obelisk, Am Alten Markt (4)

Obelisk, Hauptallee Sanssouci, an der Schopenhauerstraße (5)

Oberrechnungskammer (Am Kanal 29), jetzt Yorkstraße 19/20

Orangerie, 1851–1860 nach Ideenskizzen von Friedrich Wilhelm IV. gebaut; 1913 untere Terrasse von Wilhelm II. angelegt (»Jubiläumsterrasse«) (53)

Palazzo Barberini (Humboldtstraße 5/6); nicht erhalten

»Palazzo Pompei« (Humboldtstraße 3); nicht erhalten

Pfingstbergschloß

Plantage; beseitigt

Plögerscher Gasthof (Schloßstraße 7); nicht erhalten. Die Attikafiguren jetzt im Park Sanssouci aufgestellt

Predigerhaus (Schulhaus) der Heiligegeistkirche (Heiligegeiststraße 14/15); nicht erhalten

Predigerhaus der Nikolaikirche (Am Alten Markt 4); nicht erhalten

Rathaus, Am Alten Markt 2

Regierung (nicht Am Kanal, sondern Spandauer Straße 32–34), jetzt Friedrich-Ebert-Straße 79–81

Römisches Bad, 1829–1840 nach Schinkels Plänen von
  Persius gebaut (43)
Scharrenstraße; Bebauung nicht erhalten (Straße
  aufgegangen)
Schauspielhaus (Am Kanal 8); nicht erhalten
Schloß Babelsberg
Schloß Sanssouci (29/31)
  – Karyatiden von Glume – an der Gartenseite des
    Schlosses (15)
  – Adorant (30)
Schloßstraße
  – Nr. 12
Schockstraße, jetzt Hermann-Elflein-Straße
Spornstraße
Stadtschloß; nicht erhalten
Stadtschloß-Kolonnaden; teilweise Neuaufstellung in
  den Anlagen am »Hotel Mercure«
Sternwarte, Babelsberg
Theater siehe Schauspielhaus
Waisenhaus siehe Militärwaisenhaus
Waisenstraße, jetzt Dortusstraße
Wilhelmplatz, jetzt Platz der Einheit; nur fünf Häu-
  ser der ehem. vierseitigen Bebauung erhalten

ANMERKUNGEN

9 Vermutlich Johannes Müller (1864–1949), der 1916 Schloß Elmau bei Garmisch-Partenkirchen als religiös und musisch ausgerichtetes Kurheim erbauen ließ und dort als Seelsorger wirkte.

12 Paul Scheurich (1883–1945), Maler, Graphiker, Kleinplastiker. Zeichnungen in der ersten Ausgabe des »Spaziergangs in Potsdam« von 1929.

17 Bruno Liljefors (1860–1939), malte Meeresmotive; seine Technik wird gelegentlich als »hart« bezeichnet; Prinz Eugen von Savoyen (1663–1736) hatte sich in seiner stählernen Rüstung malen lassen.

32 Bethel Henry Strousberg (1823–1884), Industrieller, ließ zwischen 1863 und 1875 viele Eisenbahnstrecken und Bahnhöfe bauen.

44 Palais Mauritshuis in Den Haag (Niederlande), zwischen 1633 und 1644 von Pieter Post nach Entwürfen von Jacob van Campen erbaut.

89 Kupferstecher; nach Auguste Boucher-Desnoyers (1779–1857), französischer Kupferstecher.

113 Joseph Uphues (1850–1911), Bildhauer, schuf Statuen und Büsten von deutschen Fürsten und Kaisern, darunter auch die von Hermann erwähnten in der Siegesallee.

133 Adolf Oberländer (1845–1923), Zeichner, Karikaturist, Maler; war lange Jahre für die »Fliegenden Blätter« tätig.

ERWÄHNTE LITERATUR
ÜBER POTSDAM

Bellamintes, eigtl. George Belitz: Das Itzt blühende Potsdam, Potsdam 1727

Fidicin, Ernst: Die Territorien der Mark Brandenburg, Teil II, I. Geschichte der Stadt und Insel Potsdam, Berlin 1858

Foerster, Charles F.: Das Neue Palais bei Potsdam, Berlin 1923

Heilborn, Adolf: Die Reise nach Berlin, Berlin-Zehlendorf 1925

Hermann, Georg: Einen Sommer lang, Roman, Berlin 1917

Hermann, Georg: Heinrich Schön jun., Roman, Berlin 1915

Hermann, Georg: Mein Nachbar Ameise, Spiel in drei Akten, Gesammelte Werke, Bd. 3, Stuttgart, Berlin und Leipzig 1922

Horvath, Carl Christian: Potsdams Merkwürdigkeiten beschrieben und durch Plans und Projekte erläutert, Potsdam 1798

Kania, Hans: Friedrich der Große und die Architektur Potsdams, Potsdam 1912; ders.: Potsdamer Baukunst. Eine Darstellung ihrer geschichtlichen Entwicklung, 3. Aufl., Berlin 1926; ders.: Neuer Führer durch Potsdam und Umgebung, Potsdam 1925

Kugler, Franz: Geschichte Friedrichs des Großen, illustriert mit 400 Holzschnitten nach Zeichnungen von A. v. Menzel, 7. Aufl., Leipzig 1910

Lichtwark, Alfred: Deutsche Königsstädte, Dresden 1898

Manger, Heinrich Ludwig: Baugeschichte von Potsdam

besonders unter der Regierung König Friedrichs II.,
3 Bde., Berlin und Stettin 1789–1790

Mitteilungen des Vereins für die Geschichte Potsdams,
Potsdam 1864–1872, Neue Folge, Potsdam 1875 ff.

Nicolai, Friedrich: Beschreibung der königlichen Residenzstädte Berlin und Potsdam, 3 Bde., 3. Aufl., Berlin 1786

Nowak, Karl Friedrich: Sans Souci, Leipzig 1909 (Stätten
der Kultur, Bd. 5)

Sello, Georg: Potsdam und Sanssouci. Forschungen und
Quellen zur Geschichte von Burg, Stadt und Park,
Breslau 1888

Sternaux, Ludwig: Potsdam. Ein Buch der Erinnerung,
Berlin-Lichterfelde 1924; ders.: Das unbekannte Potsdam, Berlin 1926 (5. Aufl.)

Zieler, Otto: Potsdam. Ein Stadtbild des 18. Jahrhunderts,
Berlin 1913

INHALT

Georg Hermann, Spaziergang in Potsdam
Seite 5

Nachwort
Seite 137

Editorische Notiz
Seite 147

Die Straßen, Gebäude und Kunstwerke
Seite 149

Anmerkungen
Seite 156

Erwähnte Literatur über Potsdam
Seite 157

ISBN 3-359-00836-7
(ISBN der Gesamtausgabe 3-359-00869-7)

1. Auflage
© 1996 Verlag Das Neue Berlin
Rosa-Luxemburg-Str. 16, 10178 Berlin
Gestaltung und Typographie:
Peter Baarmann
Repros: Johanna Rennert-Mönch
und Druckhaus Galrev
Druck und Bindung:
Franz Spiegel Buch GmbH, Ulm

Gedruckt auf chlor- und säurefreiem Papier